遊びや生活のなかで

"10の姿"を育む保育

事例で見る「幼児期の終わりまでに育ってほしい姿」

關 章信　兵頭惠子　髙橋かほる／監修
公益財団法人 幼少年教育研究所／編著

チャイルド本社

遊びや生活のなかで
"10の姿"を育む保育
事例で見る「幼児期の終わりまでに育ってほしい姿」

CONTENTS

第1章 よくわかる "10の姿"

- "10の姿" はどこから生まれたの？ ……… 8
  ～「幼稚園教育要領」「保育所保育指針」
  「幼保連携型認定こども園教育・保育要領」における役割とは～

- "10の姿" っていったいなに？ ……… 10
  ～保育者が子どもの育ちを見るときの「視点」と捉える～

- "10の姿" と主体的・対話的で深い学び ……… 12
  ～アクティブ・ラーニングの重要性～

- "10の姿" と認知的能力・非認知的能力 ……… 14
  ～「非認知的能力」は生きる力になる～

- "10の姿" とカリキュラム・マネジメント ……… 16
  ～PDCAサイクルの活用で保育の質を上げる～

- "10の姿" と小学校との連携・接続 ……… 18
  ～乳幼児期の育ちを小学校への接続に生かそう～

「年齢ごと発達の目安」も掲載！

幼児期の終わりまでに育ってほしい姿

① 健康な心と体 ……… 20
② 自立心 ……… 22
③ 協同性 ……… 24
④ 道徳性・規範意識の芽生え ……… 26
⑤ 社会生活との関わり ……… 28

⑥ 思考力の芽生え ………………………………………………… 30

⑦ 自然との関わり・生命尊重 …………………………………… 32

⑧ 数量や図形、標識や文字などへの関心・感覚 ……………… 34

⑨ 言葉による伝え合い …………………………………………… 36

⑩ 豊かな感性と表現 ……………………………………………… 38

COLUMN ① 子どもの育ちの連続性を理解しよう ……………………… 40

第2章　子どもの姿から"10の姿"を見てみよう

● 遊びや生活のなかに見られる"10の姿"とは？ ……………… 42

遊び
- おにごっこ ……………………………………………… 44
- ヒーロー・ヒロインごっこ …………………………… 46
- 砂遊び …………………………………………………… 48
- 絵本の読み聞かせ ……………………………………… 50

生活
- 食事 ……………………………………………………… 52
- 当番活動 ………………………………………………… 54

行事
- こどもの日 ……………………………………………… 56
- 避難訓練 ………………………………………………… 58

COLUMN ② 発達に合った「認める言葉」をかけよう ………………… 60

第3章 事例から考える 保育で育む "10の姿"

- 事例を読みとり、保育に生かすには ････････････････････････････ 62

健康な心と体

事例①	3歳児／5月	園庭で遊ぼう ････････････････････････････ 64
事例②	4歳児／10月	公園の急坂登りに挑戦 ･･････････････････ 66
事例③	5歳児／2月	ドッジボールの試合をしよう ････････････ 68

保育者がすぐに取り組める　健康な心と体を育む環境構成＆援助 ････････ 70

自立心

事例④	3歳児／12月	屋根のあるお家を作ろうよ ･･････････････ 72
事例⑤	4歳児／1月	はないちもんめ ･･････････････････････････ 74
事例⑥	5歳児／5月	ぼくたちがやるから先生はいいよ！ ･････ 76

保育者がすぐに取り組める　自立心を育む環境構成＆援助 ･･････････････ 78

協同性

事例⑦	3歳児／11月	車のお家ごっこ ･･････････････････････････ 80
事例⑧	4歳児／6月	グループの名前はなににする？ ････････････ 82
事例⑨	5歳児／1月2月	発泡スチロールの箱でかまくらを作ろう ･･ 84

保育者がすぐに取り組める　協同性を育む環境構成＆援助 ･･････････････ 86

道徳性・規範意識の芽生え

事例⑩	3歳児／6月	「貸して」って言ってみよう ････････････ 88
事例⑪	4歳児／10月	どんなお店にしようかな？ ･･････････････ 90
事例⑫	5歳児／3月	卒園間近の気持ち ･･････････････････････ 92

保育者がすぐに取り組める　道徳性・規範意識の芽生えを育む環境構成＆援助 ････ 94

社会生活との関わり

事例⑬	3歳児／5月	5歳児と一緒に園内探検 ･･････････････ 96
事例⑭	4歳児／9月	商店街で買い物をしよう ････････････････ 98
事例⑮	5歳児／7月	お泊まり保育　銭湯に行こう！ ･････････ 100

保育者がすぐに取り組める　社会生活との関わりを育む環境構成＆援助 ･･ 102

CONTENTS

思考力の芽生え

事例⑯	3歳児／6月	帰りの会で	104
事例⑰	4歳児／10月	自動販売機を作ろう	106
事例⑱	5歳児／9月	組み体操を成功させるには？	108
保育者がすぐに取り組める		思考力の芽生えを育む環境構成＆援助	110

自然との関わり・生命尊重

事例⑲	3歳児／6月	蚕が教えてくれたこと	112
事例⑳	4歳児／2月	寒い朝の贈り物	114
事例㉑	5歳児／11月	どんぐりを食べてみたい！	116
保育者がすぐに取り組める		自然との関わり・生命尊重を育む環境構成＆援助	118

数量や図形、標識や文字などへの関心・感覚

事例㉒	3歳児／9月	積み木と背比べ	120
事例㉓	4歳児／2月	クラスの人数を確かめるには？	122
事例㉔	5歳児／1月	オリジナルカルタ作り	124
保育者がすぐに取り組める		数量や図形、標識や文字などへの関心・感覚を育む環境構成＆援助	126

言葉による伝え合い

事例㉕	3歳児／10月	おままごと	128
事例㉖	4歳児／10月	心って何だろう	130
事例㉗	5歳児／9月	運動会の話し合い	132
保育者がすぐに取り組める		言葉による伝え合いを育む環境構成＆援助	134

豊かな感性と表現

事例㉘	3歳児／5月	新聞紙で遊ぼう	136
事例㉙	4歳児／11月	おいしそうなドーナツを作りたい	138
事例㉚	5歳児／12月	みんなで絵本を作ろう	140
保育者がすぐに取り組める		豊かな感性と表現を育む環境構成＆援助	142

この本の使い方

3ステップでチャレンジ！"10の姿"を育む保育

ステップ❶「知る」 ▶▶ **第1章 よくわかる"10の姿"**をチェック！
"10の姿"をわかりやすく解説。アクティブ・ラーニング、非認知的能力、PDCAサイクル、小学校との接続など、話題のテーマとの関わりもバッチリわかります。

ステップ❷「見る」 ▶▶ **第2章 子どもの姿から"10の姿"を見てみよう**をチェック！
おにごっこ、当番活動、こどもの日など、「遊び」や「生活」、「行事」の具体的な場面に見られる、さまざまな"10の姿"を紹介。子どもの姿から、多面的な視点で"10の姿"を読みとる目を培います。

ステップ❸「育む」 ▶▶ **第3章 事例から考える保育で育む"10の姿"**をチェック！
3・4・5歳児の事例を、"10の姿"の視点で読みとき、解説します。保育の一連の流れにある子どもの姿から、"10の姿"を育んでいくヒントが満載。すぐに取り組める環境構成＆援助も掲載！

資質・能力の3つの柱
「幼稚園教育要領」より抜粋

知識及び技能の基礎
豊かな体験を通じて、感じたり、気付いたり、分かったり、できるようになったりする

思考力、判断力、表現力等の基礎
気付いたことや、できるようになったことなどを使い、考えたり、試したり、工夫したり、表現したりする

学びに向かう力、人間性等
心情、意欲、態度が育つ中で、よりよい生活を営もうとする

幼児期の終わりまでに育ってほしい姿 "10の姿"
「幼稚園教育要領」より抜粋

健康な心と体 幼稚園生活の中で、充実感をもって自分のやりたいことに向かって心と体を十分に働かせ、見通しをもって行動し、自ら健康で安全な生活をつくり出すようになる。

自立心 身近な環境に主体的に関わり様々な活動を楽しむ中で、しなければならないことを自覚し、自分の力で行うために考えたり、工夫したりしながら、諦めずにやり遂げることで達成感を味わい、自信をもって行動するようになる。

協同性 友達と関わる中で、互いの思いや考えなどを共有し、共通の目的の実現に向けて、考えたり、工夫したり、協力したりし、充実感をもってやり遂げるようになる。

道徳性・規範意識の芽生え 友達と様々な体験を重ねる中で、してよいことや悪いことが分かり、自分の行動を振り返ったり、友達の気持ちに共感したりし、相手の立場に立って行動するようになる。また、きまりを守る必要性が分かり、自分の気持ちを調整し、友達と折り合いを付けながら、きまりをつくったり、守ったりするようになる。

社会生活との関わり 家族を大切にしようとする気持ちをもつとともに、地域の身近な人と触れ合う中で、人との様々な関わり方に気付き、相手の気持ちを考えて関わり、自分が役に立つ喜びを感じ、地域に親しみをもつようになる。また、幼稚園内外の様々な環境に関わる中で、遊びや生活に必要な情報を取り入れ、情報に基づき判断したり、情報を伝え合ったり、活用したりするなど、情報を役立てながら活動するようになるとともに、公共の施設を大切に利用するなどして、社会とのつながりなどを意識するようになる。

思考力の芽生え 身近な事象に積極的に関わる中で、物の性質や仕組みなどを感じ取ったり、気付いたりし、考えたり、予想したり、工夫したりするなど、多様な関わりを楽しむようになる。また、友達の様々な考えに触れる中で、自分と異なる考えがあることに気付き、自ら判断したり、考え直したりするなど、新しい考えを生み出す喜びを味わいながら、自分の考えをよりよいものにするようになる。

自然との関わり・生命尊重 自然に触れて感動する体験を通して、自然の変化などを感じ取り、好奇心や探究心をもって考え言葉などで表現しながら、身近な事象への関心が高まるとともに、自然への愛情や畏敬の念をもつようになる。また、身近な動植物に心を動かされる中で、生命の不思議さや尊さに気付き、身近な動植物への接し方を考え、命あるものとしていたわり、大切にする気持ちをもって関わるようになる。

数量や図形、標識や文字などへの関心・感覚 遊びや生活の中で、数量や図形、標識や文字などに親しむ体験を重ねたり、標識や文字の役割に気付いたりし、自らの必要感に基づきこれらを活用し、興味や関心、感覚をもつようになる。

言葉による伝え合い 先生や友達と心を通わせる中で、絵本や物語などに親しみながら、豊かな言葉や表現を身に付け、経験したことや考えたことなどを言葉で伝えたり、相手の話を注意して聞いたりし、言葉による伝え合いを楽しむようになる。

豊かな感性と表現 心を動かす出来事などに触れ感性を働かせる中で、様々な素材の特徴や表現の仕方などに気付き、感じたことや考えたことを自分で表現したり、友達同士で表現する過程を楽しんだりし、表現する喜びを味わい、意欲をもつようになる。

第1章

よくわかる "10の姿"

「幼児期の終わりまでに育ってほしい姿」(10の姿) とは
どのようなものでしょうか。今、意識して育てたい
一つひとつの "姿" について、読み解いていきましょう。

"10の姿"はどこから生まれたの？

～「幼稚園教育要領」「保育所保育指針」
「幼保連携型 認定こども園教育・保育要領」における役割とは～

幼稚園、保育所、認定こども園で同じ質の幼児教育を行う

　日本で学校教育法が制定されたのが、昭和22年のことです。翌年に保育要領も刊行されました。昭和31年には幼稚園教育要領となり、昭和40年には保育所保育指針が通知・施行されました。そして平成元年（保育所は平成2年）、6領域（健康、社会、自然、言語、音楽リズム、絵画制作）だった活動が5領域になり、その後はおおむね10年ごとに新しい要領・指針が提示されてきました。

　平成29年に改訂（定）された幼稚園教育要領・保育所保育指針がこれまでと少し異なるのは、幼稚園、保育所、幼保連携型認定こども園が、各々の特徴を生かしながら、同じ質の教育を提供するという点です。認定こども園制度ができて以来の同時改訂（定）でもあり、幼稚園や保育所、認定こども園といった施設の種類、あるいは公立・私立の区別なく、日本の幼児教育の質を維持するためにこういう幼児教育をしていこう、という水準を示したところに大きな意義があります。

21世紀に求められる力とは

　今回の教育要領・保育指針の改訂（定）が行われた背景には、世界の幼児教育の大きな潮流の変化もあります。
　世界の幼児教育には、大きく2つの方向性があります。1つは小学校へ入るための準備として、読み書きなどの学びを重視する「就学準備型」という幼児教育。アメリカやイギリス、フランスなどでこうした幼児教育が行われています。

　もう1つが「ソーシャルペダゴジー型」です。これは生涯学習の基礎として、幼児教育を位置づけるものです。ドイツやスウェーデン、そして日本もこうした方向を目指しています。

　実は日本でも20世紀までは、就学準備型の幼児教育が主流でした。そして、就学以降は授業を行って子どもの頭の中に知識や技能を定着させ、一定の目標を達成したかどうかを評価するという「段階型」の教育へと続いていました。

　しかし21世紀に入って、各国の幼児教育の研究により、就学準備型の教育の限界が徐々に明らかになってきました。グローバル化、IT化による変化の激しい社会で生きていくためには、知識を定着させるだけでは不十分で、今までに経験しなかったことにも臨機応変に対応できる力や、失敗しても気持ちを立て直し粘り強く取り組む力を育てていく必要が出てきたからです。

　そこで21世紀は、日本の学校教育も、知識の定着だけでなく、子ども一人ひとりの思考と探究を重視した「プロジェクト型」カリキュラムに変わらなくてはいけないと考えられるようになり、そしてそのためには、幼児期の遊びを通した主体的、協同的な学びが重要だと再認識されるようになったのです。

第1章 よくわかる"10の姿"

幼児期に経験したことが就学以降の学びを支える

　新しい教育要領・保育指針では、幼児期の学びがその後の小学校、中学校、高校の教育につながるという、0歳から18歳への「学びの連続性」が示されています。なかでも強調されているのが、幼稚園、保育所、認定こども園と小学校との接続です。

　従来、小学校では入学する子どもは「なにもできない新入生」という見方をされることも多く、小学校の「段階型」学習を一から教える教育がなされてきました。そのため、幼児期の園生活での、遊びを通したすばらしい成長が、就学で途切れてしまう、という残念な状況も見られました。

　幼児教育に携わる保育者は、幼児が遊びや活動を十分に経験することで育つもの、学ぶものがあること、また、3歳の育ちを受けて4歳が育ち、その育ちを経て5歳の育ちがあることを経験的に理解しています。こうして育った5歳児が小学校に行くと、また"赤ちゃん扱い"されてしまう場合があるのは実は残念なことです。

　このような幼児期の遊びの大切さは、近年の幼児教育の研究でようやく明らかになってきています。遊びのなかで子どもたちは、体の動きや順番、多い・少ないといった数量など、さまざまな感覚を身につけます。また、豆まきの容器を作る活動で、底を留めないと豆がこぼれてしまう——など、経験や感覚を通して学んだことが、小学校以降に接する抽象的な文字だけの教科書を、読んで理解する力につながることがわかってきました。つまり、幼児期に楽しみながらさまざまな遊びを経験することが、就学後の"後伸びする力"につながるのです。

子どもの育ちを可視化した「3つの柱」と"10の姿"

　これまでは、幼児期に育つ力について、保育者と小学校教諭との間で共有されていませんでした。そこで、幼児期の育ちを小学校教諭にも理解してもらえるよう、可視化する必要がありました。それが新しい教育要領・保育指針で示された「資質・能力の3つの柱」であり、具体的には、「幼児期の終わりまでに育ってほしい姿」(10の姿)です。

　「資質・能力の3つの柱」は、以下のような文言で小学校までに育てていきたい資質・能力を表しています。

① **知識及び技能の基礎**
② **思考力、判断力、表現力等の基礎**
③ **学びに向かう力、人間性等**

　3つの柱は、これまでのような知識の定着だけを目指す学力ではなく、自分の頭で考え、判断し、いろいろな物事に対応できる、しなやかな学力を表しています。特に幼児期に重要なのが「学びに向かう力、人間性等」です。これには持続力や自己肯定感、有能感などが含まれますが、幼児期に友達や保育者に認められ、受け入れられる経験を重ねてその"根っこ"が育っていると、その後の小学校、中学校、高校と続く成長のなかで大きな花が開くのです。

　そして3つの柱が育つ過程での、就学前の子どもの姿を抽出したものが"10の姿"です。保育者は"10の姿"を活用して幼児期の育ちを小学校に伝え、子どもたちのさらなる成長を応援していきましょう。

9

"10の姿"っていったいなに？

～保育者が子どもの育ちを見るときの「視点」と捉える～

資質・能力が育ってきている5歳児後半の、具体的な姿

「幼児期の終わりまでに育ってほしい姿」(10の姿)は、幼稚園や保育所、認定こども園での生活を通じ、「資質・能力の3つの柱」が育ってきている子どもの就学前の姿を、より具体的に示したものです。

たとえば「健康な心と体」では、「園生活の中で、充実感をもって自分のやりたいことに向かって心と体を十分に働かせ、見通しをもって行動し、自ら健康で安全な生活をつくり出すようになる」(幼稚園教育要領より)とあります。「自立心」では「身近な環境に主体的に関わり様々な活動を楽しむなかで、しなければならないことを自覚し、自分の力で行うために考えたり、工夫したりしながら、諦めずにやり遂げることで達成感を味わい、自信をもって行動するようになる」(同)というように、5歳児の後半頃に見られる具体的な姿が示されています。

"10の姿"を「ここまで育てなければ」と考えないで

"10の姿"を考えるときに、もっとも注意しなければならないのは、決して到達目標ではないということです。「就学前に、ここまでできていることが望ましい」と捉えることは控えましょう。子どもの育ちは本来、個人差や凹凸があるものですが、幼稚園や保育所、認定こども園の側が「ここまで育てないといけない」と考えてしまうと、子どもの興味・関心や発達を無視して活動を強制することになり、過去の「就学準備型」「段階型」の教育と変わらないものになりかねません。

そうではなく、"10の姿"は保育者が子どもの育ちを見ていくときの「視点」と考えましょう。

子どもの個性や発達は一人ひとり異なります。なかには就学前の頃に"10の姿"にあるような成長が平均して見られる子どももいますが、一方で、片づけは苦手だし友達とけんかも多いけれど、小さい子が遊具から滑り落ちそうなときに懸命に引っ張って助ける思いやりが育っていた、という子どももいます。その子には、「道徳性・規範意識」が育っているのです。

そうした子どものよい点や課題を「こんな見方ができる、あんな見方もできる」とさまざまな視点から立体化するのに役立つのが"10の姿"なのです。

"10の姿"は5領域を超え、さまざまなシーンで育つ

また"10の姿"の一つひとつに書かれていることは、これまでの教育要領・保育指針の「5領域」の内容と重なるものです。ただし、"10の姿"の「健康な心と体」は領域でいうと健康のみというように、"10の姿"に対応する領域や活動を固定して考えないようにしましょう。

たとえば砂場遊びは、領域でいうと「環境」の活動で、"10の姿"では「自然との関わり」と思われがちですが、それだけではありません。サラサラの砂に水を加えてドロドロにし、それをコップに入れて量を見るのは「数量や図形への関心・感覚」になりますし、砂の型抜きをして、葉っぱや花びらを飾るのは「豊かな感性と表現」であり、遊びを通して友達や保育者と話し合うことは「言

幼児期の終わりまでに育ってほしい姿

- 健康な心と体（おもな領域）健康
- 自立心（おもな領域）人間関係
- 協同性（おもな領域）人間関係
- 道徳性・規範意識の芽生え（おもな領域）人間関係
- 社会生活との関わり（おもな領域）人間関係、環境
- 思考力の芽生え（おもな領域）環境
- 自然との関わり・生命尊重（おもな領域）環境
- 数量や図形、標識や文字などへの関心・感覚（おもな領域）環境
- 言葉による伝え合い（おもな領域）言葉
- 豊かな感性と表現（おもな領域）表現

葉による伝え合い」です。

また、5歳児がサッカー遊びでチームを作るときに、仲間の実力を知っていて、なに気ないふりをして足の速い子を自分のチームに入れたりします。他の子が後になって「ずるをしている」と主張して、子ども同士で「じゃあ、どうしたらいい？」と話し合いをする場面もよく見られます。そこでは「思考力」や「道徳性・規範意識」が育つと共に、同じ目的を共有して遊ぶ「協同性」も養われます。もちろん「健康な心と体」や、その子がやりたいことを達成したときに保育者が認めることで「自立心」の育ちにもつながっていきます。

このように1つの遊び、活動のなかに、いろいろな"10の姿"の育ちがあります。"10の姿"は5領域を超えて、さまざまなシーンで育つことを理解しておきましょう。

一人ひとりの育ちを認める保育を心がけよう

"10の姿"の捉え方は、保育者によって違っていてもかまいません。経験が浅い保育者が、"10の姿"を参考にして子ども理解の視点を広げるのはよいことです。また同じ活動でも、ある子どもはこの姿が、別の子はまた別の姿が育っているということも当然あります。

子どもに育ちつつある"10の姿"を保育者が受け止め、伸ばしていこうというときに参考になるのが、ニュージーランドの幼児教育施設で行われている「ラーニング・ストーリー」という手法です。これは、子どもを「できる・できない」「早い・遅い」といった評価で見るのでなく、子どもの興味・関心や気持ちに目を向け、子どもを肯定的に捉えながら、学ぶ力や可能性を伸ばしていこうという考え方です。

具体的には、たとえばある子どもがアゲハチョウの幼虫を捕まえたとすると、「どんな餌を食べるのか」と気になった子が図鑑を調べ、幼虫の好む植物を入れて飼育をスタートします。次に羽化したら、チョウを観察して記録するグループ、チョウの絵を描くグループ、チョウの種類などを調べるグループ、壁面に手作りしたチョウを貼るグループと、アゲハチョウという1つのテーマでも、さまざまな活動が考えられます。保育者は、子どもたちの興味がなにに向いているのかを見ながら、それに応じた活動を展開していくことが必要です。

子どもの育ちは十人十色です。保育者は5歳児の年度当初の全体的な育ちと、一人ひとりの育ちを捉えながら、この子はここが伸びているなとか、この子の興味・関心はどちらの方にあるかなと見極めてアドバイスをしたり、周りの仲間に伝えたりして援助をしていきましょう。保育者が子どもそれぞれのよさを認め、受け止めていくなかで"10の姿"は育つのです。

"10の姿"と
主体的・対話的で深い学び
～アクティブ・ラーニングの重要性～

"10の姿"を育てるのは「主体的・対話的で深い学び」

　子どもに「資質・能力の3つの柱」や、"10の姿"を育てていくための方法として注目されているのが、「アクティブ・ラーニング」です。今回の改訂（定）では「主体的・対話的で深い学び」という文言で示されています。

　近年、小学校以上の学校教育では、教師主導で説明し教える指導法を改め、子どもが自ら行動したり体験したりしながら思考を深めるアクティブ・ラーニングを活用する方向性が明確になっています。幼児教育においても、アクティブ・ラーニングが議論されるようになっていますが、もともとわが国の幼児教育は、遊び、つまり子どもの主体的な活動における学びを重視してきました。その意味では、これまでに行ってきた遊びを中心とした保育の重要性を再認識しながら、質の高い保育実践をますます強化していくことが大切になります。

　それでは、主体的・対話的で深い学びとは、どのようなもので、保育者の実践のポイントとなるのは、どのようなことでしょうか。それぞれについて具体的に考えてみましょう。

達成感や自信につながる「主体的な学び」

　「主体的な学び」とは、中央教育審議会の答申では次のように表現されています。「周囲の環境に興味や関心を持って積極的に働き掛け、見通しを持って粘り強く取り組み、自らの遊びを振り返って、期待を持ちながら、次につなげる『主体的な学び』が実現できているか」

　主体的な学びが実現しているとき、子どもには以下のような姿が見られます。

○ 身近な環境に対し、自分なりの興味や関心をもって、「こうしたい」というイメージをもち、自分からやろうとしたり積極的に働きかけたりしている。
○ 遊びの見通しをもって、目的に向かって試行錯誤し、期待をもちながら粘り強く取り組んでいる。
○ 達成感や満足感を味わい、「やればできる」という感覚をつかんでいる。
○ 友達や保育者から認められ、自己肯定感を高めている。
○ 次につながる本人なりの「振り返り」をしている。

　重要なのは、保育者が子どもの興味・関心やそのときの気持ちを受けとめ、それを伸ばすための環境や関わりを考えていくことです。

　また子どもの振り返りは、「すごい！ 何回もやり直したから、こんなにいいのができた」「ここが大事なんだ。次は初めからそうしよう」といった、子どもの言葉や行動に表れます。保育者がそのような声かけをするのも子どもの自覚につながります。

思考や知識が広がる「対話的な学び」

　次に「対話的な学び」とは、「他者との関わりを深める中で、自分の思いや考えを表現し、伝え合ったり、考えを出し合ったり、協力したりして自らの考えを広げ深める

『対話的な学び』が実現できているか」とあります。対話的な学びは、おもに次のような活動を通して行われます。

○「自分はこう思う」「こうしたい」「こうした方がいい」と各自が感じ方や考え方を伝え合っている。
○ 友達の言葉を聞いて、自分の考えを広げたり深めたりしている。
○ 友達との集団遊びで、チーム決めなどのときに、共通の目的達成のための話し合いを協同して行っている。

ここで注意したいのが、「ただワイワイと友達同士でおしゃべりをしている＝対話的」ではないということです。対話を通して子どもが友達の意見に耳を傾け、対話の後には、考えが広がっていたり、意見が微妙に変容したりしていることが重要で、それが思考力や深い学びにつながります。子ども同士の会話だけでは対話が深まらないときは、保育者から「どうして○○なのかな？」と、質問を投げかけていくことも大切です。質の高い質問を工夫しましょう。

理解や納得、さらなる意欲を生む「深い学び」

最後の「深い学び」は、「直接的・具体的な体験の中で、『見方・考え方』を働かせて対象と関わって心を動かし、幼児なりのやり方やペースで試行錯誤を繰り返し、生活を意味あるものとして捉える『深い学び』が実現できているか」とあります。それは、次のような子どもの姿、態度として現れてきます。

○「どうしてだろう」「もっと〜になるには、どうすればいいのだろう」と考えたり試行錯誤したりしている。
○「あー、そうなんだ」「わかった」「やっぱり、〜するには、〜するといいんだよね」と、思考し因果関係を整理しながら、小さな変化に気づいたり喜んだりして、心の深いところで本人なりの納得をしている。

ここで鍵になるのが、子どもが試行錯誤したり、変化や発見に気づいて心を動かしたりすることです。それが深い学びになり、さらに「もう1回やってみよう」「こうなったら、どうなるのだろう」と意欲的に思考を繰り返す姿勢につながり、「資質・能力の3つの柱」のなかの「学びに向かう力」となっていきます。

このような、主体的・対話的で深い学びを通して、新しい発見や納得、達成感などを得ることは人間にとって楽しく、うれしいことです。成長の過程で主体的・対話的で深い学びを経験した子どもは、生涯にわたって能動的に学び続けるともいわれ、まさに生涯教育の基礎となるものです。またこの学びは、幼児期に主体的に遊ぶなかで実現するもので、3、4、5歳はもちろん、それ以前の乳児期であっても、それぞれの年齢・発達に添った学びが始まっています。

保育者は、子ども一人ひとりの興味・関心を受け止め、応答的な関係のなかで、主体的・対話的で深い学びが進むように援助していきましょう。そうして子どもの学びが蓄積されていくと、幼児期の終わり頃には、さまざまな個性輝く"10の姿"が見られるようになるでしょう。

"10の姿"と認知的能力・非認知的能力

~「非認知的能力」は生きる力になる~

「認知的能力」と「非認知的能力」とは

「資質・能力の３つの柱」や、それを具体化した"10の姿"のなかで、子どもに育てようとしている力に「非認知的能力」というものがあります。これは「認知的能力」に対し、それでは測れない人間の能力を指します。

より具体的にいえば、認知的能力は、目に見えやすい能力のことであり、計算などを含め学力試験の点数などで判断できるものや知能指数（IQ）や記憶力など、比較的数値化しやすいものを指します。

それに対して非認知的能力とは、数値では見えにくい能力です。また知能指数（IQ）に対して心の知能指数（EQ）ということもあります。EQは、感情や情動に関連する能力とも言われることから、「社会情動的スキル」ともいわれます。

近年までは、認知的能力の高い人が将来、社会で成功すると考えられる傾向がありました。多くの人々が子どもの教育の目標として、学力試験で測れるような認知的能力の向上を目指してきた事実もあります。

ところが、AI（人工知能）技術が急速に進展するなど、変化の激しいこれからの社会で必要とされる「生きる力」を考えたとき、認知的能力だけでは不十分であり、むしろ非認知的能力が重要になると指摘されてきているのです。

幼児教育研究でわかった非認知的能力の重要性

子どもに非認知的能力を育てる必要性については、各国で多様な研究がなされています。なかでも、アメリカでノーベル経済学賞を受賞したヘックマン博士の「ペリー・プリスクール・プロジェクト」調査の分析は注目を集めました。ヘックマン博士は経済学者のため、非認知的能力について言及はしていませんが、幼児教育とその後の人生の経済力の関係を調べた調査からは、非認知的能力の重要性が浮かび上がっています。

たとえば、幼児期にふさわしい教育を受けると、大人になっても「難しい課題をあきらめずにやり抜こうとする粘り強さ、忍耐力がある」「仲間と対話しながら協力できる社会性がある」「うまくいかないときがあっても『次はうまくいく』『大丈夫』など、気持ちをコントロールできる自信、楽観性が身についている」と述べています。これらの言葉は、まさに非認知的能力そのものの説明といえます。また、この認知的能力・非認知的能力については、近年、ヨーロッパを中心とする研究結果も多々発表されています。OECD（経済協力開発機構）をはじめ世界中の国々において、非認知的能力を乳幼児期から育てる重要性が指摘されており、子どもの生涯にわたって、大きな影響を与えることがわかってきています。

※『幼児教育の経済学』（ジェームズ・J・ヘックマン（著）／古草秀子（訳）／東洋経済新報社）

乳幼児期の愛着関係が非認知的能力の土台に

それでは非認知的能力を育てるのに、なぜ乳幼児期が大切なのでしょうか。

この非認知的能力が育つには、脳の大脳辺縁系や脳幹部等の部位が密接に関係しているといわれます。人間は進化を経て現在に至っていますが、この部位は進化の過程の大変早い時期に獲得されたもので、周囲の危険から身を守る生命維持の感覚をつかさどっているといわれます。

子どもは乳幼児期から、温かく丁寧で応答的な関わりを受けると、この部位でキャッチする身の回りの世界への「不安」「恐怖」が「安心」に変化します。すると心身が健やかになり、他者や環境を受け入れ、能動的に関わろうとする芽が育ち始めます。こうした情緒の安定が他者への基本的信頼関係、つまり愛着関係となり、さらに社会性へとつながっていくのです。

このように非認知的能力と乳幼児期の愛着関係には重要な関わりがあり、その後の人生にも大きく影響してくるといわれています。また非認知的能力の発達ということでは、幼児期前半の２～３歳、幼児期後半の４～５、６歳の時期、そして小学校低学年の７歳頃までの時期が重要とされており、それぞれにその年齢ごとの発達特性を踏まえた関わりをしていく必要があります。

非認知的能力が身につくには大人の援助の質が重要

４～６歳という幼児期後半は、非認知的能力が特に発達する重要な時期です。この年齢は他者との関係性や言葉が大きく発達し、友達とルールを決めて遊ぶようになることなどから、話し合いなど対話が多くなります。さらに目標を決め、みんなで協力して少し難しいことにも挑戦するようになるため、葛藤を体験する一方で、それを乗り越えて自信をつける場面も増えていきます。こうした経験が非認知的能力を大きく伸ばします。

さらにこの時期は、非認知的能力と同時に、認知的能力も大きく伸びていきます。興味・関心の幅が広がり、物事の推移に対し「どうして、こうなっているのだろう」「どのようにしたら、こうなるのだろう」など、論理的思考が発達し始めます。そして遊びや生活のなかで試行錯誤をしながら、自分なりの納得や達成感、満足感が得られることで自信が育ちます。いわば非認知的能力と認知的能力が活発にコラボレーションしながら、共に目覚ましく伸びる時期といえるでしょう。

非認知的能力を育むときの保育者の援助のポイントは、子どもが自己選択したことに繰り返し集中できる環境、うまくいかないときやよりよくするために友達や保育者と対話できる環境、結果よりも挑戦しようという意欲を支持したり、本人が失敗したと思っても「大丈夫」と励ましたりする関わりが挙げられます。

いずれも「心情・意欲・態度」の育ちを重視してきた日本の幼児教育においては、特別なことではありません。子どもの思いを受容し、環境を構成し、子どもが能動性を発揮していけるような援助を強化していくことこそ、非認知的能力を確実に育てることにつながるでしょう。

"10の姿"と カリキュラム・マネジメント
〜PDCAサイクルの活用で保育の質を上げる〜

実現したい教育・保育を具体的な計画に落とし込む

　実際に各々の園で、「資質・能力の3つの柱」や、"10の姿"を育てる保育を実現していくためには、園の諸事情に合わせて、カリキュラム・マネジメントを確立することが重要になります。

　カリキュラムとは、たとえば幼稚園教育要領で見ると、第1章に記載されている「全体的な計画」と「指導計画」を合わせたものです。「全体的な計画」とは、教育課程と教育課程以外の活動及び学校保健計画や学校安全計画など、全体的な方針やねらいを表しています。一方の「指導計画」は、全体的な計画を具体的な活動計画にしたものです。各年齢の年間計画や、月案、週案、日案といったものと考えてよいでしょう。

　カリキュラム・マネジメントとは、全体的な計画の実現のために具体的な指導計画を立て、そのなかで環境構成をどのように作っていくかなどを考えていくことです。

　自園の特徴を生かしながら、園内外の環境のなかで実現が可能で、そして"10の姿"を育む質の高い教育・保育を目指して指導計画や環境構成などを考えていきましょう。

保育の質を向上させるPDCAサイクル

　教育・保育内容の質の向上のため必要なのが、PDCAを行っていくことです。PはPLAN（計画を立てる）、DはDO（実行する）、CはCHECK（評価する）、AはACTION（改善する）で、カリキュラム・マネジメントのPDCAサイクルともいいます。具体的には、次のようなプロセスで進めていきます。

PLAN（計画を立てる）

　全体的な計画や指導計画を立てます。園長や主任を中心に、全ての職員がそれぞれの立場で園全体の問題として考えましょう。

　子どもに、なにをどのように育てたいのか、共通に目指す目標を、話し合いを通して明確にします。5領域の他、"10の姿"で示された文言も活用しながら、その年齢にふさわしい発達特性をどのように生かすかを話し合い、「ねらい」や「内容」を考えていきます。

DO（実行する）

　指導計画で立てた内容を保育で実践します。ただし、保育は保育者と子どもとでクリエイティブに創るものですから、必ずしも保育者側の意図の通りに展開するとは限りません。保育者は自分の側に子どもたちを引き寄せるのではなく、子どもたちの興味・関心を読みとり、応答的に計画を進めていくことが必要になります。むしろ子どもたちの発想は保育者の想像を超える場合もたくさんあり、それが保育のおもしろさ、楽しさでもあります。

CHECK（評価する）

計画を立てて実践した保育内容により、子どもたちになにが育ったのだろうか、と定期的に振り返りをしましょう。子どもの言葉や行動から、おもしろがっていたことや不足だったことが見えてくるので、保育記録に付箋紙を貼るなど、保育を可視化するようにすると、思考を深める機会にもなります。また他の保育者ともよく話し合い、保育者1人では把握できなかった子どものさまざまな姿を知ることは、多面的な子ども理解につながっていきます。

ACTION（改善する）

改善のための検討会は複数の職員で行います。この改善の方向性によって、PDCA全体の質が問われるといってもいいでしょう。なぜなら、今回の教育要領・保育指針の改訂（定）では、「主体的・対話的で深い学び（アクティブ・ラーニング）」という子どもの主体性を大切にする学びを重視しているため、保育者自身が「子どものなにを育てたいのか」という目標をしっかりもつ必要があります。「子どもの、あの行動こそ主体性だろう」という視点を明確にもたないと、改善の具体性が見えてこないことになってしまいます。目標を明確にするためには定期的に指導計画を持ち寄り、ねらいと実際の子どもの姿とを見比べながら確認し、今後どのように改善していけばよいかを具体的に検討することが大切になります。

そして、その結果を次の計画に反映させ、再び実行、評価、改善という流れを繰り返していきます。

"10の姿"を活用して柔軟な振り返りと見直しを

カリキュラム・マネジメントや指導計画を考えるときに重要なのは、一度計画を立てたらそれに基づいて固定した形を作るのではなく、常に柔軟に「見直し」をしていく精神です。

保育者がよりよい教育・保育を、と考えて立てた計画や保育実践でも、子どもを主体として考えた場合、果たして適切だったのかということは、常に振り返り、検討する必要があります。たとえば5歳児の2学期の活動といっても、その年度によって、またクラスによって子どもたちの個性はそれぞれ異なります。さらにそのときの子どもの興味・関心、友達などの人間関係も刻々と変わっていきます。もちろん全体的な計画がそのつど変わるわけではありませんが、日々の活動の具体的な計画は、子どもの状況に合わせて見直しをしていく柔軟さが求められます。

また計画の見直しをする際、必要になるのが保育の記録と考察です。子どもの育ちを考察する際に、ぜひ生かしてほしいのが、"10の姿"です。ここには自立心や協同性など、子どもに育みたい力が説明されていますから、文言を繰り返しよく読み込み、内容を頭に入れておくと保育者自身の考察に、具体的な視点が伴うようになります。

さらに保育者同士の話し合い（保育カンファレンス）では、本音が言える、弱音がはける、先輩と後輩とで対話ができる、相互の意見を批判したり優劣をつけたりしない、正解を急がないなど、多面的に意見を出し合える環境を作りましょう。保育者同士の思考が深まります。

"10の姿"と小学校との連携・接続

～乳幼児期の育ちを小学校への接続に生かそう～

幼児期の終わりの姿は発達の連続性のうえに表れる

　発達の連続性とは、子どもの育ちのもっとも基本となるものです。

　もちろん「資質・能力の3つの柱」や"10の姿"も、4歳、5歳になって突然、出てくるものではありません。当然のことですが、それまでの0歳からの発達の連続性のうえに表れてくるものです。

　幼児期後半に「よく育った」という姿が見られるためには、その前の幼児期前半や、乳児期をどう過ごしたかを理解して関わる必要があり、そのような連続した発達を捉えて援助をしていくことが、より大きな成長につながっていきます。

　たとえば、乳児期の代表的な発達としては、愛着関係、すなわち基本的信頼関係の形成があります。子どもは他者への信頼を抱けるようになると、情緒が安定します。そして知的好奇心を旺盛に発揮し、周りの人や環境に自主的に働きかけていく姿が多く見られるようになります。

　つまり、乳児期に他者との基本的信頼関係が育っていることが、子どもの一生を通しての人格形成の基礎となり、またその他の資質・能力の育ちに対する影響も大きいということです。

発達段階や個性を見極めその子に合った援助を

　さらに2歳には2歳の、3歳には3歳の、その時期に必要だからこそ表出する発達の特性があり、それは子どものさまざまな欲求となって言動に表れてきます。大人から見て困った行動、問題行動に見えるものも実は子どもの欲求、思いの表れであり、「子どもの行動には全て意味がある」といわれるゆえんです。

　保育者は、そうした子どもの欲求や思いの意味を理解し、応答的に受けとめ、園という環境のなかで子どもが自己を発揮をしていく過程を援助していくことが大切です。

　特に幼稚園や認定こども園の3歳児クラスでは、さまざまな発達の子どもが共に過ごすことも多くあります。3歳で家庭から初めて集団に入る子どももいれば、乳児クラスや小規模保育などで、集団生活をある程度経験している子どももいます。また、きょうだいの有無や、それまでに経験してきた遊びや生活の内容によっても、子ども一人ひとりの言動は異なります。その他にも不安傾向が強い・弱いなど気質による違いもあります。子どもの今の発達段階や個性をよく見極めて、関わりを考えていくことがこの時期は特に重要といえます。

　幼稚園では約3年間、保育所や認定こども園では最大6年間、子どもの日々の成長を見ていくことができますから、こうした発達の連続性を十分に理解しながら、一人ひとりの子どもの発達を長い目で見て、必要な援助をしていきましょう。

　そのうえで幼児期後半は、集団のなかでの社会性や規範意識、思考力、数量や図形、標識や文字への関心など、

就学以降にもつながる資質・能力が大きく伸びる時期のため、環境を整え、十分育てたいものです。

幼児期の学びで育ったものを具体化した"10の姿"

　幼児期に育った資質・能力は、小学校以降の教育の土台となるものです。しかし、これまで必ずしもうまく生かされてきたわけではありませんでした。

　幼児教育では遊びや生活を中心として学びを進めていきますが、小学校教育からは、教科を中心とした自覚的な学びになります。特にその接続期である小学1年生の4・5月では、学び方の違いにより混乱や戸惑いを覚える子どもも多く、せっかくの幼児期の育ちを継続して伸ばすことがなかなか難しいというのが現実でした。

　そこで新しい教育要領・保育指針に、子どもに育っている力を明確にする意味で「資質・能力の3つの柱」と、「幼児期の終わりまでに育ってほしい姿」(10の姿)が盛り込まれたのです。

　"10の姿"は、「子どもが園で遊びや生活を体験するなかで、このような育ちや学びがありました」という姿を、10項目に分けて明示したものです。たとえば、夢中で遊ぶなかで試行錯誤したり工夫したりしながら、数量・図形などに興味をもつ、友達と協力してやり遂げる達成感を味わうなかで自信をもつ、さまざまな探求心をもって遊び込むことで思考力が深まる、といったことなどを示しています。

　これは幼稚園、保育園、認定こども園のどの施設に通う子どもも、小学校に入る頃には同じ水準の育ちが見られるようにしようということで、幼稚園教育要領、保育所保育指針、幼保連携型認定こども園教育・保育要領にそれぞれ同様の内容が記されています。

"10の姿"を活用し、子どもの育ちを小学校に伝えて

　幼稚園、保育所、認定こども園はこの"10の姿"を活用して、幼児期の育ちをしっかりと小学校に伝えていきましょう。また小学校では幼児期の学びを生かしながら、徐々に小学校の教育へと移行していくことが必要です。そうした双方の取り組みにより、初めて子どもの学びの連続性が実現することになります。

　特に就学直前の「アプローチカリキュラム」と、就学直後の「スタートカリキュラム」の時期は、園と小学校、保育者と小学校教諭の間で、さまざまな連携を行っていく必要性があるでしょう。

　園と小学校の大人側が理解し合うには、園から小学校を、また小学校から園を訪問し合う、双方の子どもの日常の姿に触れる、面談の機会を設けて質問し合うなどの方法があります。子どもたちも同様で、お互いに遊んだりゲームをしたりしながら交流をしていくと、スムーズな接続・移行が実現しやすくなります。

　園と小学校では、お互いに文化も教育観も異なることが少なくありませんが、異なる点を主張する以上に、子どもの学びという共通の目的を共有したいものです。そこから理解し合い、提案し合う関係が生まれると、園で育まれた子どもの学びが未来へと引き継がれていくことでしょう。

幼児期の終わりまでに育ってほしい姿 ①

健康な心と体

5領域では　おもに　**健康**

園生活の中で、充実感をもって自分のやりたいことに向かって心と体を十分に働かせ、見通しをもって行動し、自ら健康で安全な生活をつくり出すようになる。
（「幼稚園教育要領」より抜粋）

ボール遊び楽しいな！

多様な体験のなかで、心と体を十分に使うことで育まれる

　「健康な心と体」は、周囲の人との信頼関係のもとで、自分のやりたいことにのびのびと取り組むなかで育まれます。まず、子どもが主体的に遊びに打ち込めるような環境を用意し、「体を動かすと気持ちいい」「園で過ごす時間が楽しい」と感じられるようにすることが第一です。思い切り心と体を使ってたくさん遊ぶと、自然におなかがすき、たくさん食べて、夜はぐっすり眠るという生活リズムができ、排泄のリズムも整います。

　それと同時に、食事の前やトイレの後には手を洗う、汚れたら着替えをする、寒くなったら上着を着るなど、生活に必要な習慣・態度を身につけられるように、援助をしていきます。食べ物の栄養について絵本で学ぶ、野菜の栽培などを通じて食べ物に関心をもつ、友達と一緒に楽しく食事をする、といったことも健康的な食習慣につながっていきます。

　また幼児期後半になると、少しずつ「小さい子がいるから、ここでこういう遊びをしたら危ない」などの状況判断や、「今日はここまでやって、明日また続きをしよう」といった見通しをもった行動ができるようになります。こうしたことも、一つひとつ大人が指示をするのではなく、子ども自身が判断して健康的で安全な行動ができるように、配慮していくことが大切です。

　交通安全や災害時に命を守る適切な行動についても、日頃から計画的に訓練や指導を行っていきましょう。

年齢ごと 発達の目安

5歳児

見通しをもって必要な行動に取り組み始める

- 基本的な生活習慣が確立し、見通しをもって生活できるようになる。
- 周囲の状況を意識し、動きをコントロールしながら体を動かすようになる。
- 安全に気を配り、状況に応じた行動をとれるようになる。

4歳児

左右の協応動作が巧みになり生活習慣が確立し始める

- 生活習慣が確立し始め、細部にまで注意を払うようになる。
- 複数や集団で遊ぶようになり、一緒に遊ぶ楽しさを経験し始める。
- 左右の協応動作が巧みになる。
- 身の回りの危険に気づき、よけるなど体をコントロールできるようになる。

3歳児

遊びや生活を楽しむなかで体を動かす気持ちよさを感じる

- 多様な動きを楽しみ、「ケンケンしながら前に進む」など2つのことに同時に挑戦するようになる。
- 1人で排便できるようになる。
- やりたい遊びに夢中になって取り組む。
- 身の回りの危ないことにも気づけるようになる。

3歳までは

安心感をもって生活したり、思い切り体を動かしたりするなかで、自分の体の感覚に気づき、興味をもつようになる。また、衣服の着脱や食事、排泄など、生活行動を自分で行うことが少しずつできるようになる。

幼児期の終わりまでに育ってほしい姿 ②

自立心

5領域では おもに **人間関係**

原文
> 身近な環境に主体的に関わり様々な活動を楽しむ中で、しなければならないことを自覚し、自分の力で行うために考えたり、工夫したりしながら、諦めずにやり遂げることで達成感を味わい、自信をもって行動するようになる。
>
> （「幼稚園教育要領」より抜粋）

やり遂げた経験を重ね自信をもつことで育まれる

「自立心」とは、保育者や周りの人との信頼関係をベースとして、子どもが主体的に身近な環境に関わっていくなかで育まれていきます。原文の最後に「自信をもって行動するようになる」と書かれているように、自立心の育ちには自信が不可欠です。

幼児期の子どもが生活に必要なことに主体的に取り組んだり、自分の興味・関心のある遊びを選んで没頭したりするなかで、思うようにいかないこともあります。そんなとき、試行錯誤や工夫をしながら挑戦を繰り返し、ときには保育者や友達に助けてもらったり励ましてもらったりして、最後までやり遂げる経験が達成感や満足感となり、それが積み重なって自信となるのです。

そして自信、すなわち自分自身への信頼があることで、「自分の力でやってみよう」「もっと難しいことにも挑戦しよう」「あきらめずにやり遂げよう」という自立心が養われていくのです。

自立心を育てるには、子どもが興味に合った遊びや活動を選べるように環境を整えることが第一歩です。子どもが達成感・満足感を得られる活動は、発達や個性によって異なります。保育者は、一人ひとりに応じた活動計画を考えましょう。さらに、子どもは友達に認められることで自信を深めます。日頃からお互いを認め合えるような声かけ・対応をしていくことも大切です。

第1章 よくわかる"10の姿"

年齢ごと 発達の目安

うまくいかないときも自分で立ち直り、やり遂げようとする

5歳児

- 当番活動など、自分がしなければならないことを自覚して行動するようになる。
- 失敗しても、できるまで続けることにより達成感を味わい、自信をもてるようになる。
- 友達といざこざがあったときや、頑張ってもうまくいかないことがあっても、立ち直ることができるようになる。

大人の助けを借りながら物事を最後まで行う

4歳児

- 自制心が芽生え、「〜だけど〜する」を考えるようになる。
- 周りの大人に支えられながら、物事を最後まで行う体験を重ねていくようになる。
- 自分が嫌なことや困ったことに出会っても、大人の助けを借りて立ち直ることができ始める。

自分なりにできることが増え、挑戦したがる

3歳児

- 何にでもチャレンジしたいというやる気に満ちあふれるようになる。
- 自尊感情をベースに、本人なりの自信をもち、ありのままの自分を出すようになる。
- 身近な大人の行動を再現したり、ごっこ遊びに関心をもったりするようになる。

3歳までは

乳幼児期から、心地よい環境と共に、依存できる人的環境や、年齢にふさわしい興味・関心のもてる遊具などの物的環境を通じ、その子どもなりの生活習慣の基礎を身につけていく。2歳前後になると、自我の芽生えの時期に入り、自分の思いを強く主張するようになる。

健康な心と体 / 自立心 / 協同性 / 道徳性・規範意識 / 社会生活との関わり / 思考力の芽生え / 自然・生命尊重 / 数量・図形／標識・文字 / 言葉による伝え合い / 豊かな感性と表現

幼児期の終わりまでに育ってほしい姿 ③

協同性

5領域では　おもに **人間関係**

原文
友達と関わる中で、互いの思いや考えなどを共有し、共通の目的の実現に向けて、考えたり、工夫したり、協力したりし、充実感をもってやり遂げるようになる。
（「幼稚園教育要領」より抜粋）

友達と思いを共有し、目的に向かい協力し合う充実した体験を

「協同性」とは、子どもが保育者など身近な大人との信頼関係を基盤にしながら、他の子どもとの関わりを深め、思いを伝え合ったり共に試行錯誤したりしながら、一緒に遊びを展開する楽しさや、共通の目的が実現する喜びを味わう育ちです。

協同性は、単に他の子どもと一緒に活動していれば育つというものではありません。活動のなかで、それぞれの子どもの持ち味が発揮され、互いのよさを認め合う関係ができてくることが大切です。たとえば、5歳児クラスでダンスが好きなグループがいて、発表会をしたいとなったとします。舞台でダンスを踊る子だけでなく、衣装やステージセットを考える子、発表会のポスターを描く子、お客さんを呼んでくる子など、みんなでイメージや目的を共有しながら、それぞれが得意なことややりたいことで自己発揮をするのが協同性を育むポイントです。

また協同性は、幼児期後半の4～5歳児になって顕著な育ちが表われてきますが、そのためには乳幼児期から、子ども自身が受け入れられる体験を多くすることが大切です。保育者は一人ひとりの思いを受けとめ、さまざまな思いや意見があってよいのだと思えるような環境を作っていきましょう。

そうした環境があると、やがて子ども同士は一緒に遊ぶなかで自己を出し、共感し合う体験をしていきます。そのうえで思いを伝え合い、互いに発信しながら、人の発言にも耳を傾け、1つの目標に向かって工夫したり協力したりしながら充実した活動を繰り広げていくようになります。

第1章 よくわかる"10の姿"

年齢ごと 発達の目安

同じ目的に向かって話し合い遊びを作っていくようになる

5歳児

- 相手の気持ちや立場を考えて行動できるようになる。
- クラスの友達と目的に向かって話し合いながら、協力してやり遂げる喜びを味わい始める。
- 友達と自分の考えの違いに気づき、気持ちを切り替え、折り合いをつける方法を考えたり話し合ったりするようになる。

友達の気持ちに気づいたり思いを調整しようとしたりする

4歳児

- 他者の気持ちに気づき、理解できるようになる。
- 同じ遊びに興味をもった仲間とイメージを共有する楽しさを感じ、遊び込むようになる。
- 友達の思いや考えの違いに気づき、伝えたり、我慢したり、気持ちを切り替えたりするようになる。

共感し合って遊ぶことを楽しむようになる

3歳児

- 友達と遊びたい気持ちが高まり、好きな友達と共感し合いながら遊ぶようになる。
- 友達と遊んでいるとき、自分の思い通りにならないと、思いを言葉で表現しようとするようになる。

3歳までは 自分の思いを受けとめてくれる人が周囲にいることにより、心が安定する。そのような経験を重ねていき、人の気持ちを理解しようとしたり、自分の気持ちを人に伝えようとしたりする協同性の基礎が育まれていく。

幼児期の終わりまでに育ってほしい姿 ④
道徳性・規範意識の芽生え

5領域では　おもに **人間関係**

原文

友達と様々な体験を重ねる中で、してよいことや悪いことが分かり、自分の行動を振り返ったり、友達の気持ちに共感したりし、相手の立場に立って行動するようになる。また、きまりを守る必要性が分かり、自分の気持ちを調整し、友達と折り合いを付けながら、きまりをつくったり、守ったりするようになる。

（「幼稚園教育要領」より抜粋）

葛藤や他者理解をしながら、さまざまな工夫と心模様を体験する

「道徳性・規範意識の芽生え」とは、人間が社会のなかで他者と調和しながら生きていくための、大切な力の育ちです。しかし、これらは生まれながらに備わっているわけではなく、多様な人間関係のなかで経験を通して培われていくものです。それでは子どもの道徳性や規範意識は、どのように育っていくのでしょうか。

子どもがごく幼いときは、自分の行動の善悪を判断できず、保護者や保育者など身近な大人の働きかけが基準になります。しかし成長すると、園などの人間関係のなかで自分のとった行動により、相手が泣く、悲しむ、怒るといった場面に遭遇し、少しずつ他者の感情や行動の意味を考えるようになります。特に友達同士のいざこざや思い通りにならないことなど、対立や葛藤を通して、子どもは自分の思いを知ると共に、相手にも気持ちがあることに気づいていきます。

そして相手の気持ちや立場を考え、自分の思いを調整し折り合いをつけていく経験を繰り返すことで、道徳性が育ちます。また集団生活で、みんながより気持ちよく過ごすためには約束やルールが必要だとわかるようになるのが、規範意識の育ちです。幼児期後半にもなると、進んで決まりを守ったり、問題が起きたときには互いに折り合いをつけたり、新たなルールを考えたりするようになります。道徳性や規範意識を育てるためには、保育者がそれぞれの思いを十分に認めつつ、子どもが相手の気持ちを理解したり、自分の言動を振り返ったりできるような援助をすることが大切です。

年齢ごと 発達の目安

5歳児
相手の気持ちや状況を踏まえた判断をするようになる

- 話し合ってルールを決めたり、問題を解決してよりよく行動したりするようになる。
- 友達と思いを主張し合うことにより、葛藤を体験する。そのなかで折り合いをつけようとする。
- 相手の立場や気持ちを大切にして、考えながら行動するようになる。

4歳児
友達との遊びを楽しめるようになるが、けんかも多くなる

- 簡単なルールのある遊びを通して、遊ぶ楽しさを覚え始めるが、各自のこだわりもあり、けんかも増えてくる。
- 葛藤やつまずきを体験するが、それらを乗り越えることで自分の気持ちを調整する力を身につけ始める。
- 相手の立場に立って思いやりをもって行動しようとするようになるが、まだ自分の欲求が勝り、思いを通そうとしてしまうこともある。

3歳児
大人の仲介により友達の気持ちにも気づき始める

- 生活や遊びのなかに、ルールやマナーがあることを知る。
- 困っている友達に気づき、気持ちが向いたときは助けようとしたり、その行動を喜んだりするようになる。
- 自分の思いを通そうとするが、保育者の仲介により、相手の気持ちに気づくようになる。

3歳までは

玩具を片づける、泣いている友達をなぐさめる、簡単な決まりを守るなど、大人や友達の模倣ではあるが、道徳的な自発行動が見られるようになる。人的環境の影響を受け、次第に他者にも気持ちがあることや決まりの大切さに気づくようになってくる。

幼児期の終わりまでに育ってほしい姿 ⑤

社会生活との関わり

5領域では **おもに** 人間関係、環境

>
>
> 　家族を大切にしようとする気持ちをもつとともに、地域の身近な人と触れ合う中で、人との様々な関わり方に気付き、相手の気持ちを考えて関わり、自分が役に立つ喜びを感じ、地域に親しみをもつようになる。また、園内外の様々な環境に関わる中で、遊びや生活に必要な情報を取り入れ、情報に基づき判断したり、情報を伝え合ったり、活用したりするなど、情報を役立てながら活動するようになるとともに、公共の施設を大切に利用するなどして、社会とのつながりなどを意識するようになる。
>
> （「幼稚園教育要領」より抜粋）

身近な人や地域に親しみ
公共の場での振る舞いを知る

　「社会生活との関わり」とは、子どもが家庭や地域の人などさまざまな立場や年齢の人と関わるなかで、地域に親しみをもち、地域社会の一員として生きていることを感じることです。

　また病院や駅、図書館など公共の施設で、看板やポスター、マークといったさまざまな情報に触れながら、場所や状況に応じた振る舞い方を身につけることも大切です。

　一般に、保育施設に入園前の子どもは、多くが保護者らと共に家庭という社会で生活していますが、入園を機に人間関係が広がり、子どもの社会生活は急激に変化します。このとき社会生活を支える重要な存在が保育者です。子どもは周囲から自分を認められ、あたたかな関係性のなかで安心感をもつことで、初めて外界の環境へ働きかけることができます。保育者は安全基地となり、子どもが世界を広げる応援をしましょう。

　また3歳児頃までは、子どもにとって自分のクラスが社会の中心になりますが、散歩や園外保育などで、少しずつ地域との触れ合いをもつことは可能です。さらに4歳児、5歳児になると周辺の広い公園に出かけたり、商店街や高齢者施設、公民館、小学校などの公共施設へ出向いたりと、社会生活を広げる機会は多くなります。

　保育者は、子どもが生活や遊びのなかで身近な地域や社会と出会える機会を設けると共に、日頃から地域の方々と笑顔で挨拶を交わし、楽しい交流をもてるように意識しましょう。

第1章 よくわかる"10の姿"

年齢ごと 発達の目安

必要な情報やその入手方法がわかるようになる

5歳児

- 小学校への憧れを抱きながら、年長児としての自信をもち、年下の子や弱い子を思いやるようになる。
- 地域の行事に参加して、地域の人々と交流して楽しむ。
- 地域の公共施設(図書館や高齢者施設など)を通して社会とのつながりなどを意識するようになる。
- 自分の興味をもった事柄に対し、絵本や図鑑、地図などで調べようとするようになる。

経験から得た情報に興味をもつ

4歳児

- 年上の子に憧れをもったり、年下の子の世話をしたりと、親しみをもって関わるようになる。
- 地域の行事に参加し、その経験から自分が興味・関心をもったものに夢中になるようになる。
- テレビのニュースなどに興味をもち、得た情報について周りの友達や保育者と話すようになる。

友達とのつながりから、クラスに意識が広がる

3歳児

- 友達からの刺激を受け、みんなと一緒にいることを楽しみ始める。
- 園行事に家族が参加することを喜ぶようになる。
- 近隣の人やお店の人に親しみをもつようになる。

3歳までは

家庭における生活が社会の中心である。そのなかで多様な年代や性別の人と触れ合うことを通じ、安心したり心地よさを感じたりしていく。この経験の蓄積が、のちに家庭以外の社会生活との関わりの素地になっていく。

健康な心と体 / 自立心 / 協同性 / 道徳性・規範意識 / 社会生活との関わり / 思考力の芽生え / 自然・生命尊重 / 数量・図形／標識・文字 / 言葉による伝え合い / 豊かな感性と表現

幼児期の終わりまでに育ってほしい姿⑥

思考力の芽生え

5領域では　おもに　**環境**

　身近な事象に積極的に関わる中で、物の性質や仕組みなどを感じ取ったり、気付いたりし、考えたり、予想したり、工夫したりするなど、多様な関わりを楽しむようになる。また、友達の様々な考えに触れる中で、自分と異なる考えがあることに気付き、自ら判断したり、考え直したりするなど、新しい考えを生み出す喜びを味わいながら、自分の考えをよりよいものにするようになる。

（「幼稚園教育要領」より抜粋）

身近な事象や物の仕組みなどを探究し、試行錯誤する楽しさを知る

　「思考力の芽生え」とは、身近な事象に関わるなかで、探究心を広げたり深めたりするようになることです。

　乳幼児期は、対象に触る、見る、操作するなどの行為を通して、思考が深まっていきます。園での生活や遊びで、子どもは多くの物や人、事柄に出会います。それらと直接関わるなかで、予想や期待と異なる反応があったときに「なぜだろう」と疑問や関心をもち、「どうしたらよいのか」と試行錯誤をしながら関わり続けることで、物の性質や仕組みなどに気づいていきます。こうした経験を積み重ねることが、子どもの思考力の基礎になっていきます。

　たとえば色水遊びで、「どうしたらもっときれいな色になるだろう」と水の量を変えてみたり、別の色と混ぜ合わせたりして探究するのも一例です。また、小さい積み木の上に大きい積み木を積めば崩れてしまうと気づくのも、思考力の芽生えです。保育者は、日々の遊びや活動のなかでこうした子どもの好奇心・探究心が発揮されるような環境、働きかけを考えていきましょう。

　また思考力は、決して1人の子どものなかだけで育つものではなく、他の子どもの見方や考え方に触れることで、思考が広がったり、新しい考えを生み出したりする経験も重要です。そのためには、個々の子どもの考えを十分に受けとめると共に、それを他の子どもに伝えたり橋渡しをしたりして、子ども同士の考えが深まるよう援助しましょう。そうした思考を深めるプロセスは、就学以降の学びの素地となっていきます。

年齢ごと 発達の目安

試行錯誤しながら自分なりの考えを生み出す

5歳児

- 遊びや生活のなかで、物の性質や仕組みなどを生かして、身近な環境との多様な関わりを楽しむようになる。
- 友達の考えに触れるなかで、自分と異なる考えがあることに気づき、話し合うようになる。
- 自ら判断したり、考え直したりするなかで、自分の考えをよりよいものにしようとする。

友達の考えから刺激を受け思考を巡らせる

4歳児

- 物の性質や仕組みに自分なりに気づいたり、友達の考えに触れるなかで、考えを巡らせたりするようになる。
- 不思議なことや心動かされることに出会うと、友達と共感したり喜び合ったりするようになる。

自分の経験からイメージし活動を広げる

3歳児

- 見たり聞いたりしたことをおもしろがり、何度も繰り返し楽しむようになる。
- 自分の感じたことや考えたことを、言葉にして表現するようになる。
- 経験からイメージしたことを生かして、ごっこ遊びを行うようになる。

3歳までは
音や感触など、物事を五感で確認する。2歳頃になると物の理解が分化し、物に名前があることに興味を示して「これなに？」「これは？」と限りなく確かめるなど、思考の始まりが見られるようになる。

幼児期の終わりまでに育ってほしい姿 ⑦

自然との関わり・生命尊重

5領域では　おもに　**環境**

>
> 　自然に触れて感動する体験を通して、自然の変化などを感じ取り、好奇心や探究心をもって考え言葉などで表現しながら、身近な事象への関心が高まるとともに、自然への愛情や畏敬の念をもつようになる。また、身近な動植物に心を動かされる中で、生命の不思議さや尊さに気付き、身近な動植物への接し方を考え、命あるものとしていたわり、大切にする気持ちをもって関わるようになる。
> （「幼稚園教育要領」より抜粋）

身近な自然や動植物に触れながら、生命の不思議さを体験する

　「自然との関わり」を楽しむ心は、身近な自然と触れ合う経験から生まれます。自然のなかで子どもたちはさまざまな物と出会い、心を動かします。それによって、虫が好きな子どもは草むらを探索し、ままごとが好きな子は木の実を拾い、体を動かしたい子どもは斜面を登り…というように、それぞれの興味に応じた主体的な遊びが引き出されます。そして自然のなかで過ごす心地よさや季節の変化を、目や耳、肌といった五感をフルに使って感じることで、感性が磨かれ、自然を愛する心が養われます。

　保育者は、四季折々の自然に触れる活動を計画すると共に、「お日さまの当たっている場所は暖かい」「秋になると木の葉が赤や黄色に変わる」と伝えるなど、子どもが自然の魅力や不思議さに気づいて、多様な関わりをしていけるように援助しましょう。

　また「生命尊重」は、身近な動植物に対して親しみを深めるなかで育まれます。夏に野菜を育てて秋に収穫して食べる、金魚やうさぎなどの小さな生き物を飼育するといった経験を通じ、「乱暴にすると怖がるから、やさしく触ろうね」など、命を大切にすることを伝えましょう。

　現代では、自然と触れ合うことが難しい環境の園も少なくありません。しかし都会の園の狭い園庭に、みかんの木の鉢植えを置いたところ、子どもが葉の匂いに興味をもったり、鉢の下にだんごむしが現れて喜んだりしたという例もあります。また、ビオトープを工夫して作るなど、虫や鳥と親しむ環境を呼び込む園もあります。保育者の環境構成の工夫によって、自然体験を豊かにする方法を考えましょう。

年齢ごと 発達の目安

5歳児
自然の摂理や事象を理解できるようになる

- 予想を立てたり、確かめたりして考えを深めるなど、身近な自然に多様に関わり始める。
- 四季の変化に気づき、不思議さや尊さを感じながら、考えたり、調べたりするようになる。
- 身近な動植物との関わりを重ねるなかで、命あるものとして大切に扱おうとするようになる。

4歳児
好奇心や探究心をもち気づきや考えを友達と話す

- 自然に関わるなかで、好奇心や探究心をもつようになる。
- 自然や身近な環境との関わりのなかで、気づいたことや考えたことを友達と話すようになる。
- 行動範囲が広がり、四季の変化を感じながら園内を友達と一緒に探索して遊ぶようになる。

3歳児
身近な動植物に心を動かし親しみをもつ

- 体験を通して、自然に関心をもったり、変化などを感じとったりするようになる。
- 散歩や飼育・栽培などを通して、動植物への親しみや愛情が芽生え始める。
- 園庭の四季の変化に気づき、草花を遊びに取り入れるようになる。

3歳までは
信頼できる人と一緒に、散歩などを通して身近な動植物や四季折々の自然を見て、「かわいいね」「気持ちがいいね」などの会話を楽しむ。自然や生き物に親しむなかで、興味・関心を膨らませながら、触れ合う楽しさを体験していく。

幼児期の終わりまでに育ってほしい姿 ⑧

数量や図形、標識や文字などへの関心・感覚

5領域では　おもに　**環境**

原文

遊びや生活の中で、数量や図形、標識や文字などに親しむ体験を重ねたり、標識や文字の役割に気付いたりし、自らの必要感に基づきこれらを活用し、興味や関心、感覚をもつようになる。

（「幼稚園教育要領」より抜粋）

生活のなかで文字や数などへの興味・関心や感覚を養う

　「数量や図形、標識や文字などへの関心・感覚」を育むには、遊びや生活のなかで、それらに繰り返し親しむ体験を重ねることが大切です。

　たとえば、園内には各クラスの標識やトイレの標識、非常口の標識などがあります。ロッカーや玩具・道具の棚、誕生表や当番表などにはマークや絵表示があり、それと共に文字が書かれていることもあります。そのような環境のなかで子どもは標識や文字がなにを示しているのかを理解したり、それらが意味や役割をもっていることに気づいたりします。

　また一方で、掘ったいもの大きさや重さを比べる、リレーでチームの人数を数える、友達と身長を比べるなどの数学的な体験を通して、「大きい・小さい」「重い・軽い」「多い・少ない」「高い・低い」などの数量を意識するようになります。

　このようなことに気づいた子どもは数量や図形、標識や文字に興味をもち、遊びや生活に取り入れながら、使う楽しさや便利さ、必要性を実感します。そしてそれが「もっと知りたい、もっと使いたい」という意欲につながり、関心や感覚が育っていきます。

　幼児期における数量や図形、文字や標識などへの関わりで必要なのは、数を数える、文字を正確に読む・書くなど、数や文字の習熟をしたり知識として覚えたりすることではありません。子どもが遊びや生活のなかでそれらに触れることを通して関心をもち、感覚を自然に身につけられるよう、保育者は子どもの興味・関心を把握しながら環境を構成し、活動や遊びを援助していきましょう。

年齢ごと 発達の目安

5歳児

数量や文字などを活用する

- 文字への感覚が高まり、助詞・接続詞を使用するようになる。
- 「重い・軽い」「長い・短い」など数量を比較したり、時計で時刻を読んだりできるようになる。
- お店屋さんごっこの看板作りなど、文字を活用するようになる。
- 交通標識の意味を理解し始める。

4歳児

遊びのなかで文字の便利さや必要性に気づく

- しりとりやなぞなぞなど、言葉を使った遊びを友達と楽しむようになる。
- 標識の意味を理解したり、文字や数字を読もうとしたりするようになる。
- 「りんごとみかんは果物」というような、上位概念を理解し始める。

3歳児

標識や文字への興味をもち簡単な言葉遊びを楽しむ

- 標識や文字への興味が芽生える。
- 「長い・短い」「大きい・小さい」という対立関係の概念ができ始める。
- 保育者と、簡単ななぞなぞなど言葉を使った遊びを楽しむようになる。

3歳までは

身近な物や玩具などから、形や量などへの興味を抱く。また、園内にある標識への関心も生まれ、友達のマークを理解したり、絵本の文字を指でさして声を出したりするようになる。生活を通して数量、図形、標識、文字への感覚の芽を育んでいく。

幼児期の終わりまでに育ってほしい姿 ⑨

言葉による伝え合い

5領域では おもに **言葉**

原文
　先生や友達と心を通わせる中で、絵本や物語などに親しみながら、豊かな言葉や表現を身に付け、経験したことや考えたことなどを言葉で伝えたり、相手の話を注意して聞いたりし、言葉による伝え合いを楽しむようになる。
（「幼稚園教育要領」より抜粋）

言葉は絵本や人などとの豊かな関わりのなかで育まれる

　「言葉による伝え合い」が成立するには、まず子どもが自分の思いや気づいたことを、言葉で表現できる必要があります。幼いときは語彙が少なく、言葉でうまく表現できないことも多いものですが、そんなときは保育者が年齢や発達に合ったわかりやすい言葉を補い、子どもが気持ちを言葉で表現できるように援助しましょう。

　さらに、言葉による伝え合いには「話したい、伝えたい」と思う相手がいなければなりません。その相手は見知らぬ人ではなく、愛着関係や信頼関係のある大人――つまり園では保育者や職員、そして友達です。子どもは身近な人と気持ちが通じ合うことの喜びや心地よさを感じることで、さらに意欲的に言葉で表現しようとします。

　また、言葉による伝え合いが活発になるには、日々の遊びのなかでたくさん心を動かす体験をすることも重要です。「見て！きれいなちょうちょう見つけた」「先生聞いて、あのね、縄跳び10回跳べたの」など、自分の感情や経験を表す言葉と、話を伝えたい相手、そして心の動きがあることで、豊かな言葉のやりとりが生まれます。

　保育のなかでは、絵本や物語など、子どもが言葉に親しむ環境を用意すると共に、友達同士でじっくり話し合いながら遊び込める時間を保障し、自分の感じたことや考えたことを自由に話せる場を設けましょう。子どもが自分を表現すると共に、相手の話を受けとめたり認め合ったりしながら活動や遊びを展開していくことが、小学校以降の学習や生活の基盤になります。

年齢ごと 発達の目安

5歳児

相手にわかるように伝えたり話し合ったりできるように

- イメージの共有のために、状況に応じて自分の思いや考えを話したり、相手の話の内容を注意して聞いたりするようになる。
- 相手の意見を受け入れながら、話し合えるようになる。
- 絵本や物語に親しみ、思考力や工夫する力を働かせるようになる。

4歳児

気持ちや考えを言葉で伝えようとする

- 気持ちや考えたことを言葉にして伝えようとしたり、友達とイメージを共有して楽しんだりするようになる。
- なぞなぞやクイズをおもしろがるようになる。
- 友達のなかで目立ちたい、注目を集めたいために、人が嫌がる言葉や汚い言葉をわざと使いたがることもある。

3歳児

思いや気づきを人に話そうとする

- 思ったことや気づいたことを話すようになるが、まだ気持ちは伝えきれないこともある。
- 絵本の物語に入り込んで、主人公と一体化する。
- 興味が広がり、「何で」「どうして」といった質問が増えてくる。

3歳までは

思いや欲求を受けとめられ、返してもらう喜びや安心感、やりとりの心地よさなど、身近な大人とやりとりを重ねながら、言葉を発したい欲求や言葉への関心が育まれていく。2歳前後になると、言葉の意味などを徐々に理解し始め、伝え合う喜びや心を通わせる楽しさを味わうようになる。

幼児期の終わりまでに育ってほしい姿⑩

豊かな感性と表現

5領域では おもに **表現**

原文

心を動かす出来事などに触れ感性を働かせる中で、様々な素材の特徴や表現の仕方などに気付き、感じたことや考えたことを自分で表現したり、友達同士で表現する過程を楽しんだりし、表現する喜びを味わい、意欲をもつようになる。

（「幼稚園教育要領」より抜粋）

感じとる感性や、自分なりに表現する喜びや楽しさを味わう

「豊かな感性と表現」とは生活のなかのさまざまな体験や出来事に対して「不思議だな」「きれいだな」「すごいな」と感動したり、驚いたりして心が動くことが基盤となります。さらに自分なりの表現が受け入れられたり、友達や保育者と共有したりするなかで、表現する楽しさや喜びを味わい、さらに意欲的に表現をするようになります。その繰り返しで表現する力は養われていきます。

保育者は、日頃から多様な用具や素材を用意し、素材の特徴や扱い方を伝えるなどして、子どもがイメージを膨らませたり、自分の望む表現を実現したりできるように支援しましょう。

また「表現」というと、絵を描く、製作をする、楽器を演奏する、うたう、踊るなどの活動というイメージがあり、大人は子どもの表現を、作品や発表という形で捉えようとしがちです。しかし、子どもの表現には明確な形にならないものも多々あります。保育者はそのような素朴な表現を理解し、子どもが自分なりに表現しようとする気持ちやその過程を認め、表現する喜びやうれしさを受けとめましょう。

さらに幼児期後半になると、グループやクラスでの表現活動の際に、友達から出てくる意見やアイデアを受け入れ、互いに認め合いながら、表現することを楽しめるようになります。保育のなかでは互いの表現や意見を認め合えるような声かけ、援助を意識していくことが大切です。

第1章 よくわかる "10の姿"

年齢ごと 発達の目安

感動した体験を生かし、友達と表現を広げて楽しむ

5歳児

- さまざまな材料や道具を使ってイメージしたものを作り、遊びで使うことを楽しむ。
- 劇遊びやごっこ遊びが充実し、友達とテーマを共有して、せりふや振りつけなどの創作を楽しむ。
- 友達と気持ちを合わせてうたったり、合奏をしたりして楽しむようになる。

体験や空想したことを体や言葉で自由に表現する

4歳児

- 自分のイメージに合った材料を選んだり、指先を使ったりして、意欲的に造形遊びを楽しむようになる。
- 友達と想像を膨らませ、いろいろな役になりきって劇遊びを楽しむようになる。
- 生活のなかのいろいろな音に気づいたり、聞き分けたりできるようになる。

自分なりにイメージして作ったりなりきったりする

3歳児

- はさみを使えるようになり、イメージした物を作って楽しむ。
- 身近な動物や、生活のなかの身近な物になりきって、ごっこ遊びを楽しむようになる。
- 音楽に合わせて、自由に体を動かすことをより楽しむようになる。

3歳までは

安心できる環境のなかで、身近な人や物、自然の事象などを感じとりながら、自分のイメージを作るようになる。2歳前後になると、自ら形や色、音、感触、匂いなど多様な物と触れ合うことで、感覚の発達が進み、感じたことを体で表現するようになる。

（右側タブ：健康な心と体／自立心／協同性／道徳性・規範意識／社会生活との関わり／思考力の芽生え／自然・生命尊重／数量・図形／標識・文字／言葉による伝え合い／豊かな感性と表現）

關先生のつぶやきコラム①
子どもの育ちの連続性を理解しよう

前の時代なくして次の時代には行けない

わたしたち人間は受精卵として命を受け、細胞分裂をして、胎内で両生類、爬虫類、鳥類の形をとり、変化しながら地球40億年の歴史をたどるようにして、だんだんと進化し、誕生します。

子どもも同じように、一つひとつの段階を経ることで成長します。赤ちゃんは、誕生直後はひなのように口を開けて食事をもらうだけですが、少しするとはいはいを始め、やがてつかまり立ちをし、2本足で歩き始めます。その途中の段階を省いてしまうと、その後の発達が十分に成熟しないことがあるといわれています。かつて早くから歩行器を用い、あまりはいはいをさせずに育てた子どもは、つかまり立ちや1人歩きが遅れたという報告もありました。

0歳の時期を充実して育ち上がった子どもが、1歳の領域に入り、1歳の時代を経て2歳、2歳が終わって3歳と、それぞれの段階が充実していないと、次の段階への移行がスムーズにいかないことを示しています。

子どもの成長の進み方にも個人差がある

そして、その一つひとつの段階の進み方にもそれぞれ個人差があります。

特に3歳の新入園児は、4月当初、保護者から初めて離れるので、母子分離不安を強く感じ、不安と混乱の時期にいます。しかし毎日園に行

くと保育者が迎えてくれ、隣を見ると同じような友達がいる。それに慣れてくると、徐々に不安と混乱の時期を脱して遊び始め、だんだんと自己発揮の時期へと入っていきます。

さらにその後は遊具の取り合いや、言葉による自己主張が始まり、けんかや葛藤も経験しながら、仲間意識や充実感を感じ、自立心を養っていきます。

こうした過程で、4月の同じクラスのなかでも、早く不安と混乱の時期を過ぎて次の自己発揮に移れる子どももいれば、まだ大人に依存しながら、不安と混乱のなかに留まっている子どももいます。ですから保育者は、「〇歳の〇月はこういう時期」と決めてしまわず、子ども一人ひとりが今どの段階にいるかを見極め、必要な援助をしましょう。それぞれのペースで各段階を充実して過ごした子どもは、自ら次の段階へと成長していきます。

第2章

子どもの姿から"10の姿"を見てみよう

遊びや生活、行事など、園生活のなに気ないシーンでも
子どもの力は育まれています。"10の姿"の視点で見ることで、
さまざまな力の育ちに気づくことができます。

遊びや生活のなかに見られる"10の姿"とは？

~多面的な視点で子どもの育ちを読みとる~

"10の姿"の視点で見ると子どもの多様な育ちが浮かび上がる

　保育現場では、子どもはいろいろな「姿」を見せます。あるときは笑い、あるときは泣き、そしてあるときは怒りと、感情を豊かに表します。また遊んでいる姿、生活している姿、友達と関わる姿、話す姿、考えている姿、相談している姿、そしてじっと動かない姿など、子どもの思いの全ては、姿として表れます。それは子どもの生きる力の証であり、子どもの育ちに欠かせないものです。

　保育者は、子どものさまざまな姿から育ちや心模様を読みとって、ねらいをもち、保育の環境を設定したり、一人ひとりの育ちに向けて対応したりして、保育を営んでいきます。

　平成29年の教育要領・保育指針の改訂（定）で、子どもの「資質・能力」を具体的に育てるための視点として「幼児期の終わりまでに育ってほしい姿」いわゆる"10の姿"が提案されました。これは子どもの育ちの目標ではなく、前述したような子どもが見せるいろいろな姿を、10のポイントから眺めていくためのものです。

　たとえば、砂場で子どもが遊んでいるとき、子ども自身は、ただ無心におもしろさを追求して行動していますが、保育者が"10の姿"の視点からその姿を読みとると、さまざまな育ちに気づくことができます。子どもが砂で形を作ることを楽しんでいるとそれは「豊かな感性と表現」

の表れですし、砂と水の混ざり具合に興味をもつのは科学する心、すなわち「思考力の芽生え」です。また友達同士で「そこをつなげて」「水を持ってきて」などとやりとりをしているのは「協同性」の育ちでもあります。

　このように、子どもの姿を"10の姿"の視点で見ていくと、子どもの育ちが多様化して浮かび上がってきます。それによって保育のねらいや子どもへの対応が明確になり、保育の内容を精選し、環境を設定する視点が見えてくるのです。

1つの活動やシーンから、多面的に子どもの育ちを読みとる

　そこで第2章では"10の姿"で「見る」プロセスの例として、園のなかでの遊びや生活、行事といった具体的なシーンを取り上げ、そこではどんな"10の姿"の育ちを読みとることができるのかを示しました。

　ここに挙げた"10の姿"はおもな例であって、これが全てというわけではありません。なかには、読みとり方によっては"10の姿"全ての育ちに関係している場合もあります。しかし大切なのは、どの活動でどの"10の姿"が育つのかといった目標を求めることではなく、1つの活動を多面的な視点で捉えるということです。なぜなら、多面的な見方を意識することによって、保育が豊かになっていくからです。

　保育者の視点で多く見られるのは、子どもの育ちを仲間関係で捉えるケースです。"10の姿"でいえば「協同性」や「言葉による伝え合い」といったところにはよく目が向きますが、反面、「社会生活との関わり」や「自然

との関わり・生命尊重」といった視点はどうしても薄れてしまいがちです。

これはある程度、保育経験のある保育者でも同様で、意識しないと見落としてしまいがちです。かけっこといえば「体を動かして楽しかった（健康な心と体）」、絵を描けば「表現活動（豊かな感性と表現）」と、1つの活動に1つの視点をあてはめてそれで終わってしまっているケースは、実は少なくありません。

幅広い視点があることで保育が豊かに

しかし、かけっこという活動でも、負けて悔しいという友達の気持ちを思いやるのは「道徳性・規範意識」の育ちですし、どうやって走ったら勝てるかを考えたりすることは「思考力の芽生え」です。

描画では、ただ表現することだけでなく、保育者が画用紙を配る際、当番の子どもに「グループごとに必要な枚数を取りに来て」と声をかければ、「ぼくのグループは5人だから5枚」というように数量や助数詞の学びにつながっていきます。そういう幅広い視点があるかないかで、子どもへの言葉かけや環境構成など、保育の豊かさが変わってくるのです。

これは、子どもの遊びや活動だけの話ではありません。登園後、靴箱に靴を入れるというちょっとした行動でも、自分の靴箱を右から何番目、上から何番目と数えてみれば、「数量の感覚」が養われます。隣の靴箱にまだ靴が入っていないのを見て「今日は○○ちゃん、お休みかな」と思いやるのは、「道徳性の芽生え」です。

つまり朝登園してから帰るまでの生活や遊びの全てにおいて、子どもにはさまざまな力が育っていくのです。

「この活動でどんな力が育ったか」を振り返る

個々の子どもの姿を"10の姿"から多面的に読みとくことは、子どもの育ちに広がりをもたせるばかりではなく、保育者自身の子ども理解にもつながります。

それによって「もっとここを工夫してみよう」という保育のアイデアが広がり、いっそうクリエイティブな保育を展開する糧になります。

こうした子どもの育ちを読みとる力は、実は意識をすれば高めることができます。

その方法とは、「この活動・経験で、子どもになにが育っているか」を常に振り返ってみることです。ふだん慌ただしく保育をしているときは、なかなか思いつかないこともありますが、行事の後や保育計画を考える際などに"10の姿"を参考にしながら「劇遊びを通して、なにが育ったかな？」「お餅つき大会では、どんな育ちが見られた？」と振り返り、自分で書き出してみてください。繰り返し考えることを意識していくと、だんだんと視点が広がっていきます。

さらに、周りの保育者とも話し合ってみましょう。すると、「そういう見方もあったのか」という気づきが得られ、子どもの育ちをより多面的に捉えることにつながります。そのようにして保育を深めていくために、"10の姿"をぜひ活用してほしいと思います。

おにごっこ

遊びから見る10の姿

おにごっこは、いろいろな動きのバリエーションが楽しめる遊びです。保育者や仲間と場を共有して、コミュニケーションをとりながら、体を動かす楽しさや追いつ追われつのスリル、そしてルールのあるおもしろさを味わいます。

協同性

自分と他人の役割分担（おに役と逃げる役）を理解することに加え、仲間と場を共有する楽しさや、遊び方やルールのバリエーションを一緒に考えたり、決めたり、発展させたりするおもしろさを味わう。

3つの柱から　思考力、判断力、表現力等の基礎
（他の幼児の考えなどに触れ、新しい考えを生み出す喜びや楽しさ）

> まだ、タッチしてないよー

> ぼくもやりたい！仲間に入れて

健康な心と体

全身を使いのびのびと動く気持ちよさを感じたり、走りながら体をコントロールしたり、追いつかれそうな瞬間に身をかわすなど、状況に応じた多様な動きで遊びを楽しむ。

3つの柱から　知識及び技能の基礎
（身体感覚の育成）

第2章 子どもの姿から"10の姿"を見てみよう

思考力の芽生え

逃げるには、あるいは捕まえるにはどうしたらよいかを瞬時に判断したり、作戦を考えて工夫したりする。またおもしろくするために、いろいろな遊び方を考えて、仲間と相談したり考えを共有したりする。

3つの柱から　思考力、判断力、表現力等の基礎
（試行錯誤の工夫／他の幼児の考えなどに触れ、新しい考えを生み出す喜びや楽しさ）

数量や図形、標識や文字などへの関心・感覚

おにが増えたり、何人捕まえたかを数えたり、仲間と一緒に勝った・負けたを比較したりすることで、数量的な興味・関心が芽生える。

3つの柱から　知識及び技能の基礎
（様々な気づき、発見の喜び）

向こうまで一気に走り抜けよう

2人も捕まえた

タッチしたよ。次はおにだよ

嫌だよ〜

道徳性・規範意識の芽生え

役割の分担やルールがあることで、遊びがおもしろくなることを知る。遊ぶうえでトラブルも増えるが、ルールを守ったり逸脱したりするなかで、自分の正義を感じたり相手の行動を指摘したりしながら、折り合いのつけ方を学び、心を調整していく。また、ルールや友達とのコミュニケーションの意味が理解できにくい子どもへの関わり方を知る。

3つの柱から　学びに向かう力、人間性等
（葛藤、自分への向き合い、折り合い）

遊びから見る10の姿

ヒーロー・ヒロインごっこ

子どもは絵本やテレビで見たヒーローやヒロインに憧れ、その世界に入り込み、なりきって遊ぶことが大好きです。友達とイメージを共有しながら、言葉や動きを工夫するおもしろさや、ごっこ遊びで使いたい物を組み立てたり、必要な物を作ったりすることを楽しみます。

豊かな感性と表現

ヒーローやヒロインへの憧れや感動を表現する。イメージを体や言葉で表したり、必要なアイテムを作ったり、音楽を用いて「もっとこうしたい」と演出したりして工夫することで、想像力を育み表現する喜びを味わう。

3つの柱から 思考力、判断力、表現力等の基礎
（自分なりの表現／表現する喜び）

思考力の芽生え

演じるヒーローやヒロインのキャラクターやストーリーを理解し、またおもしろくするために、いろいろな表現を考えたり、仲間と相談して考えを共有したりする。

3つの柱から 思考力、判断力、表現力等の基礎
（試行錯誤、工夫）

言葉による伝え合い

ストーリーを展開していくために、役になりきってせりふのやりとりを楽しんだり、役割分担や役の交代、順番を話し合ったりする。相手の意見や思いを聞き、自分の意見や思いも伝えることで心を通わせ、言葉で伝え合う喜びを味わう。

3つの柱から 思考力、判断力、表現力等の基礎
（言葉による表現、伝え合い）

協同性

自分のなかの憧れを表現しているうちに、同じような仲間と共感し、ストーリーを共有して遊びを広げていく。自分たちが感じていることや楽しいこと、こうしたいというイメージを共有していくために、相手の意見やイメージを聞き入れ、受け止めたり、自分の考えを伝えたりする楽しさを味わう。

3つの柱から 思考力、判断力、表現力等の基礎
（他の幼児の考えなどに触れ、新しい考えを生み出す喜びや楽しさ）

道徳性・規範意識の芽生え

憧れの存在を演じることを通して、正義感や優しさを表現し、なりたい自分に近づく体験や、遊びのなかでルールを知り、自分が社会のなかで役に立つ喜びや幸福感を味わう。

3つの柱から 学びに向かう力、人間性等
（相手の気持ちの受容／葛藤、自分への向き合い、折り合い）

| 遊びから見る10の姿 | # 砂遊び |

砂場で、子どもは砂の感触や水の心地よさを感じたり、砂の形を変えたりしながら没頭して遊んでいます。ときには、遊びがダイナミックに広がり、仲間とのコミュニケーションや協同性を育みながら楽しめる絶好の遊び場となります。

思考力の芽生え

「崩れない砂のケーキを作るためには」「トンネルをつなげるためには」と試行錯誤しながら工夫して遊ぶ。また失敗を繰り返したり、友達の多様な考えに触れたりしながら、物の性質を知ったり、新しい考えを生み出してより満足するものを作り上げる喜びを感じたりしながら取り組む。

3つの柱から 思考力、判断力、表現力等の基礎
（試行錯誤、工夫）

道徳性・規範意識の芽生え

場の共有をするなかで、物の取り合いやイメージの食い違いなどでのトラブルも経験しながら、自分の行動を振り返ったり、友達の気持ちに気づいたりする。また、自分の気持ちを調整し、折り合いをつけたり、ルールを作ったり守ったりするようになる。

3つの柱から 学びに向かう力、人間性等
（葛藤、自分への向き合い、折り合い）

数量や図形、標識や文字などへの関心・感覚

山、川、海など、砂場をいろいろな物に見立てるなかで、高い・低い、深い・浅い、大きい・小さいに気づいたり比較したりすることで、数量や図形的な興味・関心が芽生え、感覚が養われていく。

3つの柱から 知識及び技能の基礎
（規則性、法則性、関連性等の発見）

第2章 子どもの姿から"10の姿"を見てみよう

「ぬれたから着替える」
「うん」
「もっと高くしてトンネルを掘ろう」

健康な心と体

砂や水などで五感を刺激され、心地よさを感じることで、心が解放され安定する。砂の形を自由自在に変えたりしながら、自分のやりたいように心も体も十分に働かせ、没頭して遊び込む。遊んだ後は、片づけたり汚れた服を取り替えたりして、清潔にすることの気持ちよさを感じていく。

3つの柱から　知識及び技能の基礎
（身体感覚の育成／様々な気づき、発見の喜び）

「どうやって運ぼうかな」

協同性

仲間とイメージを共有し、遊びがダイナミックに広がる楽しさを感じながら、より満足いくものを作り上げていこうとする意欲や向上心を育む。また、友達と工夫したり、協力したりして充実感や達成感を味わう。

3つの柱から　思考力、判断力、表現力等の基礎
（他の幼児の考えなどに触れ、新しい考えを生み出す喜びや楽しさ）

49

絵本の読み聞かせ

遊びから見る10の姿

子どもはお気に入りの絵本があると、飽きることなく見入っています。絵本を通して、いろいろな世界に入り込み、それらが心のなかで動き始めると、耳で聞く言葉が感覚を刺激して、豊かな言葉の表現が育まれます。また、絵本の読み手と心の触れ合いをもつことで、心も安定していきます。

言葉による伝え合い

絵本を読んでもらうことによって、読み手の声や言葉を通して心が安定していく。また絵本のなかに出てくるさまざまな語彙や言い回しに触れる経験を通して、言葉を獲得し、その言葉を自分なりに使おうとしたり、感じたことを話したりする。

3つの柱から 知識及び技能の基礎
（日常生活に必要な言葉の理解）

数量や図形、標識や文字などへの関心・感覚

絵本に出てくる言葉を耳で感じとると同時に、音と文字が関係していることに気づいてくる。そこから、文字や数字の役割や意味に気づき、文字に対する興味・関心をもつ機会となる。

3つの柱から 知識及び技能の基礎
（様々な気づき、発見の喜び）

第2章 子どもの姿から"10の姿"を見てみよう

思考力の芽生え

絵本を読んでもらいながら、自分なりのイメージを広げると共に、さまざまな物の見方、考え方があることを知る機会となる。また、絵本から未知の世界に入るおもしろさや楽しさを感じる。

3つの柱から
思考力、判断力、表現力等の基礎
（言葉による表現、伝え合い／予想、予測、比較、分類、確認）

協同性

友達と一緒に絵本を見るときは、相手の心の動き感じとったり、感動を共有したりするなかで、友達の思いや考えに気づいたりする。

3つの柱から
学びに向かう力、人間性等
（相手の気持ちの受容）

お願い助けて〜

ちゃんと留守番してたのに

6ぴきしかいない

豊かな感性と表現

読み聞かせの後に劇遊びをするなど、絵本を通して心動かされた出来事を遊びのなかに取り入れたり、再現したりして表現しようとする。

3つの柱から
思考力、判断力、表現力等の基礎
（表現する喜び）

お母さんだよ開けておくれ

えー違うよ

お母さんかも

食事

生活から見る10の姿

生きていくうえで大切な食事。給食やお弁当の準備をしたり、友達と楽しく食べたりするなかで、食べた物が自分の体を作っていることを知ります。また、園庭で栽培した物を調理したり、買い物に行ったりすることで、食事の楽しみの幅が広がっていきます。

協同性

日々の食事の準備や、みんなで育てた野菜を使ってのクッキングなどを協力して行う経験をするなかで、仲間と話し合い役割分担し、力を合わせてできることを実感する。

3つの柱から 学びに向かう力、人間性等
（話し合い、目的の共有、協力）

第2章　子どもの姿から"10の姿"を見てみよう

健康な心と体

友達と一緒に食べる楽しさを感じたり、食材を味わったりしながら、充実感を得る。

3つの柱から → 知識及び技能の基礎
（基本的な生活習慣や生活に必要な技能の獲得）

道徳性・規範意識の芽生え

食事の前後に「いただきます」「ごちそうさま」と挨拶をする、食事のマナーを知り、守ることで、友達と一緒の食事の時間を楽しく過ごせることに気づく。

3つの柱から → 知識及び技能の基礎
（基本的な生活習慣や生活に必要な技能の獲得）

- こぼさないようにしよう
- きゅうり苦手だけど食べてみようかな
- おかわりもありますよー

自立心

日々の食事のなかで、自ら進んで食べようとすることで充実感を味わい、健康な体を作ろうとする。また食べる準備などに関わる、こぼしたら片づけるなど、自分の役割を進んで行う。

3つの柱から → 知識及び技能の基礎
（基本的な生活習慣や生活に必要な技能の獲得）

自然との関わり・生命尊重

食事の材料となる野菜や肉に興味・関心をもち、できあがる過程を考えて大切にしようとしたり、それを食べることで自分たちの体の一部になることを意識し、感謝したりする。

3つの柱から → 思考力、判断力、表現力等の基礎
（予想、予測、比較、分類、確認）

生活から見る10の姿
当番活動

子どもたちにとって「お当番」は魅力的な仕事です。保育者の代わりに手紙を配ったり、自ら進んで机を拭いたりと、当番活動ならではの仕事をしていくうちに、他者の役に立つ喜びや自分たちで生活を作ることの大切さに気づいていきます。

道徳性・規範意識の芽生え

当番の仕事を理解したり、やることを話し合ったりしながら、ルールや決まりの意味を理解する。また、順番を意識したり、守れない友達に対して自分の気持ちを調整しつつ、優しく伝えたりする力を養う。

3つの柱から　思考力、判断力、表現力等の基礎
（振り返り、次への見通し）

言葉による伝え合い

保育者の話をグループのメンバーに伝えたり、当番の自己紹介のときに、自分の好きな遊びや理由を友達の前で発表したりと、報告や伝達だけでなく、自分の気持ちや思いも言葉にして伝える。

3つの柱から　思考力、判断力、表現力等の基礎
（他の幼児の考えなどに触れ、新しい考えを生み出す喜びや楽しさ）

数量や図形、標識や文字などへの関心・感覚

動物を数え、その数に合わせて餌を用意するなどの活動を通じて、数への興味・関心を高めていく。

3つの柱から　知識及び技能の基礎
（規則性、法則性、関連性等の発見）

かわいい♡

餌の入れ物は全部で3つだね

自然との関わり・生命尊重

飼育活動で小動物や植物などの世話をしていくなかで、生き物に対する愛情を深める。誕生や死と向き合うこともあり、命の大切さに気づく。

3つの柱から　学びに向かう力、人間性等
（思いやり／安定した情緒）

きれいにしよう

自立心

当番活動の経験を重ねると見通しがもてるようになり、自ら進んで机を拭くなどの当番の仕事を主体的に行い、自信をもって生活するようになる。

3つの柱から　学びに向かう力、人間性等
（自信）

芽が出たよ！

大きくなあれ

行事から見る10の姿

こどもの日

子どもの成長を祝う「こどもの日」。こいのぼりを作ったり、五月人形を飾ったり、ちまきや柏餅を食べてその由来を話し合ったりするなかで、周りの大人から大切にされていることを感じたり、考えたりしていきます。

5月

にち	げつ	か	すい	もく	きん	ど
			1	2	3	4
5 こどものひ	6	7	8	9	10	11
12 ははのひ	13	14	15	16	17	18
19	20	21	22	23	24	25
26	27	28	29	30	31	

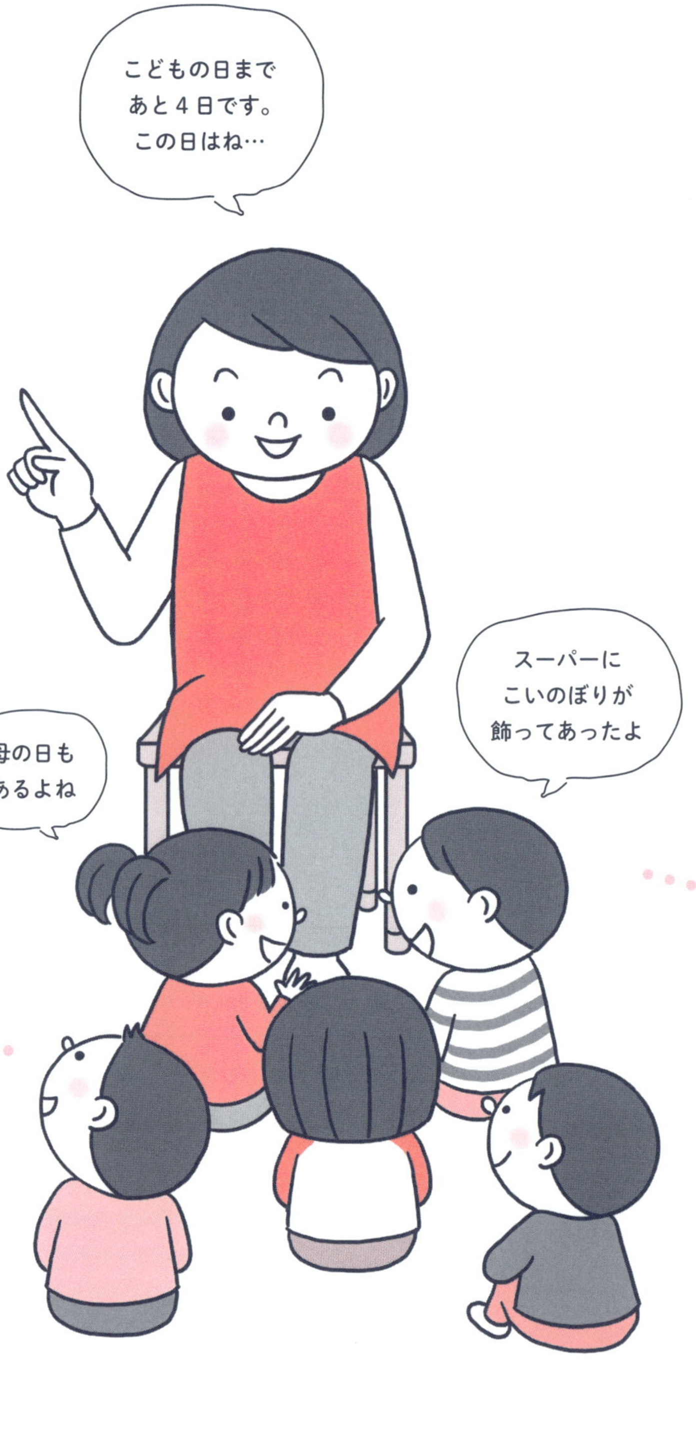
こどもの日まであと4日です。この日はね…
スーパーにこいのぼりが飾ってあったよ
母の日もあるよね

数量や図形、標識や文字などへの関心・感覚

行事を通してカレンダーに親しみ、その日を待ったり、必要なことを記入したり、今日・明日など時の移行に関心を示したり、文字に興味をもったりする。

3つの柱から

知識及び技能の基礎
（規則性、法則性、関連性等の発見）

健康な心と体

こどもの日を通して、自分自身が大切でかけがえのないものであることを知り、充実した生活を楽しもうとする。

3つの柱から

学びに向かう力、人間性等
（安定した情緒／自信）

第2章 子どもの姿から"10の姿"を見てみよう

豊かな感性と表現

こいのぼり作りを通して、素材や材料を考えて表現したり、作る過程を楽しんだり、どんなこいのぼりにしたいかを友達と話し合ったりする。

3つの柱から 　思考力、判断力、表現力等の基礎（試行錯誤、工夫）

> ぼくたちが作ったのはあれだよ

社会生活との関わり

こどもの日は、子どもが元気に大きくなったことを祝う伝統行事であることを知る。家族に自分が大事に育ててもらったことに気づき、感謝し、自分が大切であることを意識する。また、地域のなかで行事に関することを見つけたり、情報を取り入れたりする。

3つの柱から 　学びに向かう力、人間性等（思いやり／安定した情緒）

57

行事から見る10の姿 避難訓練

火事や地震などの災害時にどのような行動をとったらよいかを学ぶのが、避難訓練です。自分の命を守る行動を知るだけでなく、自ら考え判断して行動する、弱い立場の人を思いやるなどを経験する機会になります。

地震です
地震です

こわい

泣かなくても大丈夫だよ

言葉による伝え合い

不安で泣いている子やふざけている子に対しては、励ましたり正しい行動を伝えたりすることを知る。終了後、友達同士で話し合い、確認したりする。

3つの柱から　知識及び技能の基礎
（様々な気づき、発見の喜び）

机の下に
かくれましょう

健康な心と体

避難訓練の経験を重ねるなかで、保育者の指示を聞いて、災害時に適切な行動をとることを知る。また、安全や自分の体を守ることも意識していく。

3つの柱から　知識及び技能の基礎
（基本的な生活習慣や生活に必要な技能の獲得）

第2章 子どもの姿から"10の姿"を見てみよう

自立心

災害の種類によって、適切な行動のとり方は異なるが、避難訓練を重ねることによって、保育者の指示を聞き、見通しをもって落ち着いて行動し、自ら判断する力を養う。

3つの柱から　思考力、判断力、表現力等の基礎
（予想、予測、比較、分類、確認／振り返り、次への見通し）

社会生活との関わり

災害時に活躍する仕事や、各地で起きた災害の内容や支援について話し合うなかで、災害にあった人の気持ち、助ける人の立場を考える。社会への関心を高め、役に立つ行動を考えるようになる。

3つの柱から　学びに向かう力、人間性等
（思いやり／自然現象や社会現象への関心）

道徳性・規範意識の芽生え

災害時は、ルールやマニュアルを守って行動することで安全性を身につける。さらに、避難するだけでなく、困っている人や弱い立場の人のことを考えて行動する思いやりの気持ちにもつなげていく。

3つの柱から　学びに向かう力、人間性等
（思いやり／安定した情緒）

關先生のつぶやきコラム②

発達に合った「認める言葉」をかけよう

一人ひとりの発達を捉えて具体的にほめる

　教育要領・保育指針では「学びに向かう力」、いわゆる非認知的能力を育てることが重視されています。持続力や自己肯定感、有能感、そうしたものを幼児期に育てていくためには、保育者が子ども一人ひとりの年齢・発達に合った「認める言葉」をかけていくことが大切です。

　たとえば描画でいえば、表現することにプレッシャーを感じている子は対象を小さく描くことがあります。画面に小さいかたつむりが描かれていたら、「飼っていたかたつむりが赤ちゃんを産んだときみたいに見えて、先生は好きだよ」と伝える。反対に、大きく描いた子には「ダイナミックだね、こんなかたつむりに乗ったり引っ張ってもらったりしたいね」と伝える。それぞれの子の表現のよさを具体的にほめるのです。

　さらに5歳頃になると、写実的な表現がいいという意識が育ってきます。かたつむりの下のあじさいの葉の葉脈まで描いている子がいたら「葉脈っていって、栄養が通っていく道だよ。これによく気がついて描いたね。すごい」と認めます。それが「発達に合った」という意味で、そうすることで各年齢・発達にふさわしい有能感、自己肯定感が育ちます。

意欲や頑張りといった「個人内評価」を認める

　かけっこにしても、3歳児は最初にゴールした子が「いちばん！」と言い、8番目くらいの子も「いちばん！」と喜んでいます。しかし、それが4～5歳になると「走りたくない」という子どもが出てきます。それは数字の理解が進み、1番は順番のことだとわかってくるし、速い・遅いの違いや、友達にどう思われるかが気になり、やる気がなくなってしまうのです。そういう子どもたちに、保育者がどう配慮をしていくかが重要です。

　子どもがなにかを「できる・できない」のは、絶対的な事実です。もともと運動が得意な子は、跳び箱を5段、6段と軽々と跳びます。しかし、運動に慣れていない子が2段、3段と練習をして、やっと4段を跳べたとします。そういうときに、4段は6段に比べれば絶対的評価は低いですが、その子の意欲、頑張り、あきらめない姿勢などを、保育者は「個人内評価」として認めていくのです。そういう関わりにより、それぞれの子どもに"10の姿"が育ちます。

第3章

事例から考える保育で育む"10の姿"

"10の姿"を育てるためには、子どもの年齢・発達に合った
計画やねらいをもち、保育を行っていく必要があります。
3、4、5歳児の具体的な事例から"10の姿"の育ちや、
保育者の関わりを見ていきましょう。

事例を読みとり、保育に生かすには
～多面的な視点と保育の流れを意識する～

3歳児、4歳児、5歳児の事例から"10の姿"を読みとる

　第1章で"10の姿"を理解し、第2章では保育の場面から多面的に"10の姿"を読みとる目を培いました。これで、"10の姿"を「知る」「見る」スキルがついたことになります。

　第3章では、保育の流れのなかでどのような部分に"10の姿"の育ちを読みとればよいのかを具体的に示すと同時に、保育者の関わりや援助を紹介していきます。

　事例は"10の姿"の項目別に、3歳児、4歳児、5歳児それぞれの活動を通しての姿を示し、解説を加えました。

　実際にページを見てみると、それぞれの事例で、「これまでの子どもの姿」を前提とした「ねらい」や「環境作り」を踏まえたうえで「活動」を行い、その流れを記しています。「活動」では子どもの姿や言動、気持ちのなかでポイントとなる箇所を示し、「"10の姿"の視点で見ると…」で読みといています。その際、1つの姿のみから読みとくのではなく、他の姿の視点も加えることで、事例を多面的に見られるようにしました。

　たとえば、「健康な心と体」の3歳児「園庭で遊ぼう」では、いろいろな遊びに興味をもち、好きな遊びを見つけて遊ぶ子どもの姿があります。これについて、「健康な心と体」の視点からは、のびのびと好きなものを見つけて遊ぶこと、他の視点では、自分からやりたいと思う気持ちは個性や自立心の芽生えであるという、「自立心」の育ちを読みとっています。

　活動の流れのなかで、「保育者の関わり」についても解説を加えていますので、自分ならどう考えるか、どう関わるかを考えながら、読み進めてもよいでしょう。

　なお、この章の"10の姿"各項目の事例の後に、「保育者がすぐに取り組める　環境構成＆援助」のアイデアを掲載しました。要領・指針で示されたキーワードを挙げながら、それに即した具体的な対応や実践を紹介していますので、園の環境や年齢、発達に応じて工夫やアレンジをしつつ、取り入れてみてください。

"10の姿"の根っこの育ちは0歳から始まっている

　もともと"10の姿"は、「幼児期の終わりまでに育ってほしい姿」として5歳児後半の子どもの姿を表したものです。子どもの育ちは低年齢児から見られるものもあれば、5歳近くになって顕著に伸びてくる姿もありますし、3歳児と5歳児とでは興味・関心や発達の段階がかなり異なります。そのため、3歳児や4歳児の"10の姿"をどう見るかというところに、戸惑う保育者もいるかもしれません。

　しかし、こうした"10の姿"の"根っこ"の育ちは、全て0歳の頃から始まっているのです。

　たとえば、「協同性」や、「道徳性・規範意識の芽生え」「社会生活との関わり」といった、5領域でいう人間関係

を中心とした項目は、全て0歳からの親しい人との愛着関係（アタッチメント）が基礎になっています。この時期に親しい人との基本的信頼関係が育っていると、それが家族という単位から、園での保育者や友達との関わり、そして地域の人との交流などへと、だんだんと広がっていきます。

「数量や図形、標識や文字などへの関心・感覚」に関しても、0歳から生活や遊びのなかで育まれているのは同様です。そうして、2歳くらいになると「パパにもお菓子1つちょうだい」と言えば、「はい」とやりとりができるようになり、その経験が1つずつとか、1対1対応といった数の基礎を育んでいきます。

このように"10の姿"の芽は、子どもの育ちのなかにいろいろな形で見ることができます。0歳から5歳までの発達の連続性のなかで育ったさまざまな芽が、5歳児後半という「幼児期の終わり」までに育ってほしい"10の姿"につながっているのです。

子どもの姿を多面的に捉えながら流れも意識する

年齢ごとの子どもの発達は、1つの目安に過ぎません。その年のクラスの構成によっても違いますし、一人ひとりの個性でも異なってきます。保育で大切なのは、子どもの姿、言動、そして気持ちを、1つの視点からのみではなく多面的に見ることで、"10の姿"はそのガイドラインになります。そうして"10の姿"の視点で多面的に見たときに、次のようなことが見えてきます。

①子どもの育ち
②保育内容のバランス
③保育の見直し
④次の保育への視点

これは、16ページで紹介したカリキュラム・マネジメントにおける、PDCA（計画・実行・評価・改善）のサイクルと重なります。活動のプランが子どもの育ちの姿を適切に踏まえていたか、実践して保育内容のバランスはどうだったかを確認し、それらを評価したうえで、改善して次の保育につなげていく視点になるからです。"10の姿"で見ることは、保育のねらいや内容の妥当性を確認することにもなるのです。

また、本章の事例からもわかるように、保育には「流れ」があることも忘れてはなりません。計画を立てて活動を始めたらそのままというのではなく、活動の途中でも随時チェックをして、より保育が充実する方向へと修正するのも、保育者の大事な役割です。

遊びや活動の流れを見ながら、「ここで新しい道具を出してみよう」「ここで、言葉をかけてみよう」と、必要に応じて保育者が流れを修正していくことが子どもの「対話的な学び」を豊かにし、「主体的な学び」や「深い学び」につながり、そうした保育の積み重ねで"10の姿"が育っていくのです。

そのためには、子ども一人ひとりの姿、またクラス全体としての姿を丁寧に見ることを心がけ、常に評価・反省することを意識していきましょう。

園庭で遊ぼう

事例①　健康な心と体　3歳児　5月

これまでの子どもの姿
新年度からの環境の変化に戸惑い、保育者に依存していた子どもたちも、園生活に慣れてきました。部屋や園庭のあちこちで好きな遊びを見つけ、遊び始めています。保育者の呼びかけに反応したり、クラスの名前を覚えたりと、徐々に周りも見え始めてきました。

ねらい
- 園庭で好きな遊びを見つけて遊ぶ。
- 体を動かすことに楽しさを感じる。
- 保育者やクラスの友達とかけっこを楽しむ。

環境作り
- 3歳児が安全かつ遊びやすいように、遊具や砂場などを点検しておく。
- 道具類はすぐに使えるように配置し、数も多めに出しておく。
- 保育者は、一緒に遊びながらも全体が見えるよう配慮する。

活動

園庭で好きな遊びを見つけて遊ぶ子どもたち

5月の風を受けてこいのぼりが泳ぐ園庭で、子どもたちは、ぶらんこ、すべり台、アスレチック、砂場、虫探し、ままごとなど、**①ⓐ いろいろな遊びに興味をもち、好きな遊びを見つけて遊んでいます。**Mくんは、すべり台の次は三輪車、それから池の金魚を見て…と、つぎつぎに移動して楽しんでいます。担任のY先生は、子どもと一緒に遊んだり手助けをしたりしながら、園庭の隅で不安そうな顔をしていたSちゃんに声をかけ、手をつないでいました。

保育者がダンスを始めると子どもたちが集まって…

Y先生は、★頃合いを見て、CDで音楽をかけダンスを始めました。それに気がついた3～4人の子どもがとんできて、一緒に踊り始めました。『ホ！ホ！ホ！』ではゆらゆらと風のように、『動物園へ行こう』ではいろいろな動物の表現をして、**音楽に合わせ、Y先生のまねをして手や体を動かしています。②** それにつられて、Nくんは三輪車に乗ったまま、Mくんはアスレチックの上で踊っています。

Y先生が「こいのぼりも踊っているね」と声をかけながら踊っているうち、**ⓑ 子どもたちがどんどん集まってきました。③ 砂場で洋服が泥だらけになっていたTくんも、H先生に着替え**

"10の姿"の視点で見ると…

健康な心と体 / **その他の姿**

① のびのびと好きな物を見つけて遊ぶのは、子どもにとって心地よい状態だから。それが気持ちを安定させて、興味・関心もさらに広がっていきます。

ⓐ 自立心
身近な環境に対して興味をもち、自らやりたいと思う気持ちは個性や自立心の基盤となっていきます。

★保育者の関わり
のびのびと遊ぶ子どもたちの姿を認めると同時に、3歳児のこの時期の集中力の持続を踏まえ、遊びへの集中力が切れるタイミングを見定めています。

② まねをすることで保育者と心を通い合わせると同時に、音楽に合わせて体を心地よく動かしています。心も体も充足している状態です。

ⓑ 協同性
子どもが、保育者や仲間のいるところに集まってくるのは、人と触れ合うことへの興味と、人といることによる安心感の表れです。

させてもらうと、ダンスに加わりました。子どもたちは全身を使って、何曲も楽しそうに踊っています。

みんなでかけっこ「よーいドン！」

Y先生が「たんぽぽ組さんが集まったわね。みんなでかけっこしましょう」と言って、園庭の隅に棒きれで長い1本線を引くと、子どもたちはその上に並びました。「H先生！」とY先生が呼びかけると、★<u>園庭の反対側にいるH先生が「はーい」と手を振っています</u>。

「H先生のところまで走ろうね」と言ってから、❹<u>「よーいドン！」と声をかけると、子どもたちは一斉に走り出しました</u>。"ゴール"のH先生は手をいっぱいに広げ、子どもたちを迎えます。そして、その場にまた線を引いてスタートとし、今度はぶらんこのところまで、次は池のところまで、とゴールを変えていくと、子どもたちは❺<u>繰り返し走っていきます</u>。保育者は、途中で転んだ子を受け入れたり、かけっこに入れない子を誘ったりしながら、一緒に走ります。

遊んだ後は片づけと手洗い

かけっこをたっぷり楽しんだ後、Y先生が「いっぱい走って気持ちよかったね」と言うと、Mくんが「また走りたい」、Tくんが「もっと走りたい」と満足そうな顔で答えます。Y先生が「そうだね、また走ろうね。あら、おもちゃが出しっぱなしだったわね。みんなで片づけましょう」と促し、子どもたちみんなで、砂場の道具や三輪車などを C<u>所定の場所に片づけました</u>。その後、子どもたちは部屋に入り、❻<u>かぶっていた帽子を片づけ、手を洗いました</u>。

---

❸❻ 清潔にすることは気持ちがよいと感じる経験を重ね、生活に必要な習慣を身につけていきます。

★保育者の関わり
H先生が手を振っているのは、子どもの走る先の目標をはっきりさせるため。親しみある保育者のところまで走ることを、わかりやすく伝えています。

❹ 3歳児のかけっこはまだ感覚的ではあるものの、体を動かす楽しさや、心地よさを感じる活動です。「よーいドン！」というかけ声で、リズムに乗って気持ちよくスタートしています。

❺ 繰り返すことによって子どもは体の動きを獲得したり、調整したりしていきます。

C 自立心
遊んだ物を片づけたり、身の回りを清潔にするため手を洗ったりすることは、生活を支える基盤です。3歳児にとって、できるようになることは喜びにつながり、やがては自立の一歩となっていきます。

事例②
健康な心と体
4歳児 10月

公園の急坂登りに挑戦

これまでの子どもの姿 運動会後、体力や集中力もついてきて、自分なりに自信をもち始めています。友達同士で誘い合い、遊びをより楽しくおもしろくしようと知恵を出し合っています。ときどきトラブルも起こりますが、保育者の手を借りながら解決しています。

ねらい
- 友達と一緒に公園に行くことを楽しむ。
- 全身を使い、急坂登りに挑戦する。
- 自然の地形に対応して、自分の体をしなやかに使う。

環境作り
- 事前に保育者数名で場所の下見をして、安全を確かめておく。
- 当日の子どもの行動を予想し、救急箱や着替えなどを用意する。
- 園との連絡手段（携帯電話など）を準備する。

活動

公園に出発！

今日は4歳児2クラスで公園に行きます。

子どもたちは、張り切って園庭に並んでいますが、少し興奮気味で落ち着きません。お当番のSちゃんとKくんが <u>人数を数えましたが</u>[a]、なかなかうまくいきません。困ったSちゃんがT先生に訴えます。T先生は少し様子を見てから、★子どもたちに「これから公園に行くのに、歩くときはどうしたらいいのかしら？」と尋ねました。<u>「右側を歩くの」「間を空けないんだよ」「信号は青になったら渡るの」</u>[b]などと答えるうちに、子どもたちは落ち着いてきました。持ち物の水筒を確認し、再びお当番が人数を数えて、各クラス25人と27人で出発です。

公園までは街のなかを歩くので、信号を渡ったり、人とすれ違ったりすることもあります。そのたび、<u>子どもたちは手を挙げたり、右側に寄ったりしながら歩いていきます</u>[c]。

急坂登りに挑戦

公園に着いたら、<u>「1人にならないこと」「困ったら友達や先生に知らせること」「知らない人についていかないこと」</u>❶など、注意することをみんなで確認しました。

いよいよ、急坂登りに挑戦です。林のなかに自然にできた、子どもたちの<u>背丈の何倍もある坂を、手近にある草や木につかまり、</u>❷<u>四つんばいで足を踏ん張って、自分の体を支えて登っ</u>❸ていきます。途中で滑ってベソをかいているFちゃんを、女の

"10の姿"の視点で見ると…

健康な心と体 | **その他の姿**

★**保育者の関わり**
子どもの興奮を落ち着かせるには意識の集中が必要です。ここでは、子どもたちが考えるような問いかけをし、集中へと導いています。

[a] **数量・図形／標識・文字**
人数の確認をすることで、数への感覚が養われます。同時に仲間一人ひとりを認めることにもなるので、集団行動するうえでも大切な活動です。

[b] **道徳性・規範意識**
街で行動するときに注意することが、わかるようになっています。守るべき標識やルールを知ることは、安全につながる重要な要素でもあります。

❶ 場に応じて自分の身を守り、適切な行動がわかるようになっています。日頃から確認し、安全への意識を身につけることが大切です。

[c] **社会生活との関わり**
人の迷惑にならないように行動しています。街中で公共のルールを守ることで、地域への親しみと同時に、社会の一員としての誇らしい気持ちも感じられます。

❷ 自然の地形におもしろさを感じながら、それに対応した体の動きを経験します。

子3人が励ましたりコツを教えたりして助けています。 d 「そこの草につかまるんだよ」「足をこう動かすの」。やっと登り切ったFちゃんを、「よかったね」と認めています。

　今度は下りです。子どもたちは、④ しゃがみながらバランスをとり、慎重に、少しずつ滑っていきました。Mちゃんが途中で「こわい！」と立ちすくみますが、みんなは助けられず困っています。★T先生は「大丈夫よ」と言いながらMちゃんの体を支え、一緒に少しずつ下りていきます。みんな真剣です。

　下まで行くと「ビビったよな」「あたし平気だった」などと感想を言い合っています。「ぼく、もう1回行くよ」とYくん。子どもたちは、2回、3回と登り下りするうちに、e 少しずつ体をコントロールできるようになり、自信がついたようです。

園に戻って

　迎えに出てくれたY先生に、子どもたちは「ほら真っ黒！」とズボンのお尻や手の汚れを、得意満面で見せました。表情が自信に満ちています。そして⑤ 汚れた服を着替えて、楽しそうにお弁当の準備を始めたのでした。

❸❹ 持久力や踏ん張る力などを発揮して、体の使い方を急坂に対応させています。こうして得た感覚を通して、安全に体を動かすにはどうしたらよいかを覚えていきます。

d 道徳性・規範意識
困っている友達に手を貸すためにいろいろ工夫することで、思いやりも育っていきます。

★保育者の関わり
恐怖心で足がすくんでしまった子どもも、保育者が落ち着いて声をかけ、体をしっかり支えることで、安心でき、坂を下りられるようになります。

❺ 汚れた服を取り替えたり手を洗ったりすることで、清潔で心地よい生活経験を重ねていきます。自分で気づくことも大切な生活の学びです。

e 自立心
困難を乗り越えることにより自信や自己肯定感が生まれています。これが自立心への大切な要素になります。

事例③ 健康な心と体

5歳児 2月

ドッジボールの試合をしよう

これまでの子どもの姿
卒園を間近に控え、寸暇を惜しんで仲間と遊びながら園生活を楽しんでいます。遊びは、自発的・積極的に楽しみながら、友達とルールを考えたり役割を決めたりするなど、工夫して盛り上げています。体つきもしっかりし、バランス感覚も身についてきました。

ねらい
- 友達と話し合いながらドッジボールを進めていく。
- ボールをキャッチしたり投げたりよけたりしながら、体を機敏に動かす。
- 人数やルールの確認などを自主的に行う。

環境作り
- コートを広く使う場合、他の保育者と連携して園庭を交代で使えるようにする。
- 園庭の整備、ボールの空気圧の確認を事前にしておく。
- 子どもの自主的な活動を援助する。

活動

試合についてみんなで話し合い

前日にクラス全体で <u>ドッジボールの試合についての話し合い</u>(a) を行いました。積極的に意見が出て、チーム分けについては「男対女がいい」や「好きな方を選ぶ」など話し合った結果、赤組と白組の好きな方を選び、人数を13人ずつに合わせることになりました。試合のルールは、「頭に当てない」「審判は先生にやってもらう」などが決まりました。

みんなでコート作り

当日の朝、<u>やる気満々の子どもたちは、登園するとコート作りを始めました</u>(❶)。ラインカーを出してきて線を引き始めたKくんを、Sちゃんが <u>「それじゃあ狭いよ」と言いながら手伝い</u>(b) ます。さらに数人が加わり <u>「こっちだよ」「長いよ」などと言い</u>(c) ながら、ラインを引きますが、まとまらないので、MちゃんがH先生を呼んできました。★ H先生は目印を立て「ここまで引いてね」と目安を知らせると、みんなが納得するコートができました。

ルールを理解しつつ、ボールに即座に対応

試合が始まりました。当たったら外野に出て、外野から当てたら中に入るなどのルールをほとんどの子が理解していて、ス

"10の姿"の視点で見ると…

健康な心と体

❶ 自分のやりたいことに向かって行動しています。友達同士でも認め合い、お互いに充実感を感じることは、さらに子どもの成長を伸ばし、自信につながっていきます。心と体を十分に働かせ、見通しをもちながらの行動は、生きることの充実感を感じる基礎になります。

その他の姿

a 協同性
仲間の性格や気心がわかっているこの時期、意見をすり合わせることでよりよい考えが生まれることを理解しているので、進んで話し合いに参加しています。

b 思考力の芽生え
目的のためにどうすればよいかを考え、工夫しています。

c 数量・図形／標識・文字
形のイメージをもち、コートを作ろうとしています。イメージ通りにいかないときは、試行錯誤しながらも保育者に援助してもらい、整理することも大切です。

★保育者の関わり

子どものなかにコートのイメージはありますが、実際にはなかなかその通りになりません。保育者は、子どもが線を引きやすいように、目印でわかりやすく伝えています。

ムーズに試合が進みました。ドッジボールの得意なKくんは目当ての相手に当て、Yちゃんは上手にボールをよけています。ボールが動くたびに右や左に逃げ回る子どももいます。

途中、ルールを理解できていないSちゃんが当てられたのに外野に出なかったので、相手チームのNくんが「当たったよ！」と怒鳴ると、Sちゃんはしゃがみこんでしまいました。Tちゃんが「タイム！」と言って、Sちゃんの手を引いて外野に誘導し、ボールに当たったことを丁寧に説明します。一方、H先生とバトンタッチして審判になったAくんは、「Gくん当たったよ、外野」などとジャッジをしました。

試合が終わり、内野に残った人数を数えると、5人対7人で白組の勝ちでした。どの子もほっぺたを真っ赤にして、満足そうな顔をしています。ボールを片づけながらAくんが「先生、隣のふじ組と試合やろうよ」と言いました。H先生は「みんなに相談してみたら」と伝えました。

「隣のふじ組と試合をしたい」

昼食後、Aくんが「隣のふじ組と試合をしたい」とクラスに提案したところ、「やりたい」「負けると嫌だ」「勝てばいいじゃん」などと意見が出て、賛成多数でやることになりました。隣のクラスに手紙を出すことに決まり、みんなで考えながら手紙を書きました。

❷ ルールを理解しながらボールの動きを見て即座に対応する姿は、まさに頭と体の協応です。また自分の体を意識し、ボールをよけたりキャッチしたりして、多様な動きを経験して体をコントロールしていくおもしろさと充足感を味わっています。

d 道徳性・規範意識
友達の個性を理解し、対応しようとしています。相手の立場に立ち、手を貸せるようになっています。

❸ クラスの仲間と十分に話し合い、やりたいことを自分たちで進めながら、心と体を十分に動かした充足感が表れています。

e 数量・図形／標識・文字
ドッジボールには体を動かす楽しさと、勝敗がわかるゲーム性のおもしろさがあります。数字に表すと勝ち負けがわかりやすくなります。

f 協同性
目的の実現に向けてみんなで考えたり意見を出し合ったりして調整しています。

❹ 心の充足感が意欲となり、次への行動の動機になっています。

保育者がすぐに取り組める

健康な心と体を育む
環境構成＆援助

やりたい遊びや活動で、十分に体を動かせる環境構成を考えます。子どもが見通しをもって取り組めるように内容を考える、手洗いや着脱、食事、排泄の方法をわかりやすく伝えるといった援助も大切です。

キーワード❶
充実感をもって、やりたいことを行う

園庭遊び

環境構成
子どもがやりたい遊びができるように、園庭環境を工夫する。

泥だんご作り

環境構成
砂や土、水が自由に使えるよう、道具を用意して遊ぶ場所の設定を行う。

基地作り

環境構成＆援助
ダイナミックに組み立て体を使って遊べるように、大型積み木や巧技台を用意しておく。

第3章 事例から考える 保育で育む "10の姿"

キーワード❷ 心や体を働かせ、見通しをもって行動する

かけっこ

環境構成＆援助
スタートラインやゴールラインを引き、走るコースの安全を確認しておく。

園外保育

保育者の援助
前日に行き先の地図などを見せて話し合い、あらかじめ予想できるようにする。

縄跳びカード

環境構成
縄跳びカードを作り、自分がどこまでできたかがひと目でわかるようにする。

キーワード❸ 健康で安全な生活を作りだす

手洗い・うがい

環境構成
手洗い場に手順のポスターを貼り、子どもが視覚的にわかるようにする。

園内巡り

環境構成
園内の危険な場所などを5歳児が3歳児にわかりやすく教えられるように、カードを用意する。

事例④ 自立心

3歳児 12月

屋根のあるお家を作ろうよ

これまでの子どもの姿
寒さを感じる季節になり、室内での活動が多くなっています。まつ組（5歳児）が、ウレタン積み木で基地作りをしている様子を見てから、うめ組（3歳児）もホールで積み木を並べて、家を作るのがお気に入りの遊びになりました。みんなで運んだり積んだりして、毎日のように継続して遊んでいます。

ねらい
- やりたいことに自ら取り組み、工夫して遊ぶ楽しさを味わう。
- 自分なりのイメージをもちながら、必要な物を探したり試したりして、試行錯誤することを繰り返し楽しむ。

環境作り
- いろいろな積み木の置き方を工夫し、形や数などを多く用意する。
- 遊びが工夫できる素材や道具を出しておく。
- 安全に遊べるよう広い空間を確保する。

活動

積み木で好きな物を作って遊ぶ

サンタクロースからの贈り物の話題でにぎやかになる12月。❶保育室でのうめ組（3歳児）の子どもたちの遊びでも、友達との会話が増えてきました。遊びにも流れが生まれ、持続するようになり、充実した時間を過ごしています。

Kちゃんはウレタン積み木を四角形に並べ、ふわふわのラグを敷くと「できた！ここ寝るところね。先生、サンタさんになって！」と言いました。❷すると「わたしも入れて！」「ぼくも入れて！」と5～6人が集まってきて、Kちゃんのベッドはぎゅうぎゅうになってしまいました。★A先生は危なくないよう、子どもたちを見守ります。「これじゃ狭すぎるよ」「こっちにも作ろう！」と ⓐHくんやNくんが積み木を並べ、隣にもう1つベッドを作り始めました。

RくんとSくんは少し離れたところにテーブルを運んで、積み木で周りを囲んで「こっちはごはん食べるところね」とみんなのベッドのイメージを受け入れながらダイニングを連想し、自分たちなりのイメージを広げていきます。

友達の提案に仲間が集まって

「ねえ、この間のまつ組（5歳児）みたいな、みんなのお家を作ろう」とNくんがみんなに呼びかけました。以前、5歳児が作っていた本格的なお家に、みんな憧れていたようです。ごは

"10の姿"の視点で見ると…

自立心

❶ 自分のやりたいことに向かって、自ら動けるようになっています。好きな遊びの流れを自分たちで作り、活動を楽しんでいます。

❷ 友達のおもしろい遊びに刺激を受け、「わたしもやりたい」と遊びを自ら見つけ、自分で行動する心が芽生えています。

その他の姿

ⓐ 協同性

遊びが進んでいくうちに「一緒にやりたい」「一緒に作りたい」という気持ちが芽生えています。友達と共に行うことで、自分1人でやるよりももっと大きく、もっとおもしろいことが実現できる楽しさを実感しています。

★保育者の関わり

子どもたちが主体的に遊びを楽しみ、スキンシップを楽しむ姿を見守りながらも、重なり合ってつぶされないよう、安全に気を配っています。

第3章 事例から考える 保育で育む "10の姿"

んを食べるところを作っていたRくんたちは、すぐに「うん、いいよ！」と積み木を持って集まってきました。

みんなが集まるなか、ベッドを最初に作ったKちゃんだけは返事をしません。Nくんが「Kちゃんいい？　みんなのお家の方が楽しいじゃん」と聞くと　うつむき加減だったKちゃんも「うん、じゃあいいよ！」と気持ちを切り替え、積み木を持ってすぐに動き始めました。「ここじゃ狭いから、広いところに引っ越そう！」。

子どもたちは積み木を重ねたり並べたりしながら「じゃあ、ここ玄関ね！」「みんな、ここで靴脱ぐのね」「ここがドアね」と一方的に周りの子に伝えながら（まだ相談とまではいかないのです）、夢中で「みんなのお家」を作っています。

ひらめきとひらめきがつながって…

「あっ！　いいこと思いついた!!　屋根のあるお家を作ろうよ！」と言ってNくんは、壁にしている積み木に新聞紙を貼り始めました。それを見たみんなも、新聞紙をセロハンテープで貼り始めます。　A先生はそれぞれの子どもが思いつくまま、新聞紙を貼っていく姿を見守り、認めていきますが、新聞紙の大きさが足りず、うまくお家を覆うことができません。

「あっ、そうだ！　新聞と新聞をつなげて貼ろう」とRくんとNくんは新聞紙をつなげ始めます。それを見ていたKちゃんが「ちょっと待ってて！　まつ組から大きい風呂敷借りてくる！」とYちゃんと手をつないで駆けだしました。「Kちゃん、Yちゃん頼むね！」とNくんは声をかけます。

風呂敷を抱えたKちゃんとYちゃんの後ろから、数人の5歳児がついてきてくれました。

「うめ組さん、すごいじゃん！」「風呂敷は積み木に挟んで押さえるんだよ」「手伝ってあげようか！」と声をかけてくれました。3歳児たちは言いました。

「大丈夫！　うめ組だけで作るから!!」。

❸ お家を作りたいというイメージがあることで、気持ちを切り替えることができ、そのイメージに向かって遊びを工夫する姿となっています。

❹「屋根を作りたい」という思いに対して、今までの経験から、どうしたらいいかを考え、実現に向けて自ら工夫する姿が表れています。

★保育者の関わり
保育者があらかじめ積み木や新聞紙などを子どもがすぐに扱える場所に用意し、片づけがしやすいように工夫していたことで、子ども同士で何度でも繰り返し試したり、遊びに使ったりできています。

❺ 友達の行動を見て、よりよくするにはどうしたらいいか考えを巡らせて、行動しています。

ⓑ 思考力の芽生え
「こうしたらどうかな？」「違う方法はないかな？」と思考を巡らせての工夫です。あれこれ操作しながら試したり、失敗を繰り返しつつも友達と一緒に考えたりすることが喜びにつながっています。

事例⑤ 自立心
4歳児 1月

はないちもんめ

これまでの子どもの姿
正月休みを家庭の温かい関わりのなかで過ごし、子どもたちの心も安定しています。保育室では子ども同士が集まり、カルタ遊びやこま回し、すごろくなど、会話を楽しみながらルールを共有し、じっくり遊ぶ姿が見られます。クラスの仲間意識も深まり、戸外でも集団で簡単なルールを楽しみながら遊ぶ姿が見られるようになっています。

ねらい
- やりたいことを楽しみ、自分の力で行動し充実感を味わう。
- 友達のよさに気づき、一緒に活動することを楽しむ。
- 遊びを楽しむなかで、難しい事柄に出合っても投げ出さず、工夫したり、友達と相談・協力したりして解決法を考える。

環境作り
- 子ども自身が自分の力でやり遂げたいことを、保育者が把握する。
- 繰り返し挑戦するなど、友達とのやりとりのなかでイメージが広がるような時間と場を作る。
- 一人ひとりの頑張りを応援できるように声をかけたり、ほめたりする。

活動

正月明けの穏やかな園庭で

冬の昼下がり、「北風が待ってるよ〜。お庭で遊ぼう」と保育者が誘うと、どのクラスの子どもたちも ❶ₐウインドブレーカーを着て外に出てきました。なかには、やせ我慢の5歳児・4歳児が「寒くないよ、大丈夫！」と半袖、半ズボン姿で縄跳びやおにごっこ、竹馬やこま回しを ᵦ仲間と一緒に楽しんでいます。❷長縄跳びの縄を一緒に回したり、竹馬に挑戦するためにサポートをしてもらったりと、担任のA先生の力を借り、応援してもらいながら取り組む子どもたちもいます。子ども同士で c「昨日より5回多く跳べたよね」「惜しかったね！でも、紐の巻き方が上手になったよね」と友達の頑張りを認める声が聞かれ、園庭には仲間のぬくもりを感じる和気あいあいとした空気が広がっています。

負けて悔しい はないちもんめ！

園庭の一角では3歳児・4歳児の10人ほどが、はないちもんめを楽しんでいます。「隣のおばさん ちょっと来ておくれ」「鬼がいるから行かれない〜」。 d かけ合いのリズムとテンポの心地よさ、友達と声や動きを合わせることのおもしろさを楽しむ声ものびやかです。誰を指名するかの相談も、肩を組み頭を寄せ合ってスムーズに行い、遊びを楽しんでいます。何度か繰り返した後、数人が氷おにをしに遊びから抜けると、4歳児4人だけが残りました。

"10の姿"の視点で見ると…

自立心

❶ それぞれが服装を自分で判断し、自己決定して生活を進めようとしています。

❷ できるようになりたいことに対して自分なりに課題を見つけ、そのために努力したり、工夫したりするようになっています。また保育者に応援されることで、あきらめずにやり遂げようとしています。

その他の姿

a 健康な心と体
寒さに備えて上着を着るなど、生活習慣が身についています。気温に合った服装で体を動かして遊ぶなど、健康に必要な習慣が基盤になっています。

b c 協同性
仲間と一緒にいることが楽しく、お互いを励ましたり、評価したりして認め合っています。

d 言葉による伝え合い
遊びのなかにある言葉の響きやリズムのおもしろさを、互いに声に出し合って楽しんでいます。

4人は、RくんとSくん、TくんとMくんの2対2に分かれて、はないちもんめを始めました。

「Tくんがほしい」「Sくんがほしい！」「じゃんけんポン！」。Sくんが負けて相手方に移り、Rくんが1人になってしまいました。❸Rくんは「1人になっちゃったじゃん〜」と困った顔をしています。Rくんの気持ちを察したのか、Mくんが ⓔ「じゃあ、ぼくが行ってやるよ！」とRくんの手をとり、はないちもんめが再開されました。

ヒヤヒヤを乗り越えて遊ぶ楽しさ

「Sくんがほしい」「Rくんがほしい！」「じゃんけんポン！」。今度はRくんが負けて、Mくんが1人になってしまいました。「1人かよ〜」とMくん。でも他の3人は、困った様子で動けずにいます。

「勝ってうれしい はないちもんめ」と★そばで見ていたA先生がうたいだしました。その歌声に背中を押されたのか「負けて悔しい はないちもんめ」と❹1人でMくんが緊張気味に動きだしました。「Mくんがほしい！」「Sくんがほしい」「じゃんけんポン！」。Mくんの勝ちでした。

「よっしゃ‼」と拳を握ってガッツポーズのMくん。他の3人も、ほっとした様子です。★「すごいじゃない、Mくん！ ⓕ1人だったのに2人になったね！」とA先生が、明るく声をかけました。

さっそくまた、はないちもんめが始まりました。が、再びMくんが1人ぼっちになってしまいました。しかし今度は❺「ぼく、1人でも大丈夫だよ！」。

Mくんは勢いよく「負けて悔しい はないちもんめ！」と、誇らしげにうたい始めました。

---

❸「どうしたらいいだろう」「1人じゃ心細いな」と心のなかで自己と対話を繰り返しながら葛藤し、乗り越えようとしています。

ⓔ 協同性
他者の気持ちに気づき、相手を尊重する気持ちが芽生えています。ここから自分なりに思いやりの行動がとれるようになっていきます。

★**保育者の関わり**
悔しい思いやトラブルなどに対して、前向きに行動し、努力していく姿勢を伝えるために、言葉や仲介ではなく歌できっかけを作り、後押ししています。

❹自分の気持ちを調整して、自分を励ます力を育むことは、常に未知なる問題へ挑戦していく力の基礎になります。

ⓕ 数量・図形／標識・文字
人数が増えたり、減ったりすることで「数の保存」「数の操作」などを体感しています。

★**保育者の関わり**
子どもの行動を認め、明るく前向きな言葉で励ましています。

❺1人になってしまっても遊びを進められた経験を通じて、子ども自身が自分の成長を感じ、自己肯定感につながっています。

ぼくたちがやるから先生はいいよ！

事例⑥ 自立心 5歳児 5月

これまでの子どもの姿
異年齢での昼食がスタートしてから1か月が過ぎ、3歳児のお世話に夢中になっていた5歳児も余裕が出てきて、進んでお弁当を配ったり「ぼく、お茶入れられるよ！」とできることを探したりと、自己主張を始めています。

ねらい
- 友達や保育者と共に過ごすことを喜び、自分で考え自分で行動することを経験する。
- 自分でできることを自分で行い、友達と相談・協力しながら自信をもって行動し、充実感を味わう。
- 友達のよさに気づき、一緒に活動する楽しさを味わう。

環境作り
- 一人ひとりが培ってきた経験が発揮できるよう、扱える物や場を用意する。
- 「やりたい！」「できる！」と行動を選択し、気づきがもてるよう言葉かけに配慮する。
- ごはんのおひつやお弁当が入っているケースは低めのテーブルを用意し、使いやすくする。
- お茶や水を入れるポットは、子どもの体格や使いやすさに合わせて用意する。

活動

子どもたちだけで張り切って昼食準備

午前中、戸外でたっぷりと好きな遊びを楽しんだ子どもたち。「おなか空いた〜」「のど乾いちゃった〜」「今日のお弁当なに？」など、手洗いをしながら出てくる言葉からも、❶遊びきった満足感が感じられます。

「本当におなかペコペコだね〜。先生も、腹ペコで動けないよ」という担任のI先生の言葉を受け、Tくんが大きな声で言いました。「じゃあ、先生はいいから座ってて！ もう、❷まつ組（5歳児）だけでお弁当の用意できるから大丈夫だよな、H！」「うん！ ぼくたちがやるから先生はいいよ！」。2人のやる気あふれる発言に、他のⓐ子どもたちも集まって用意を始めました。
★「わおっ、頼もしい！ ではお任せするわね！」。I先生がそう言って席に着くと、子どもたちは「Jちゃんたち、ごはん持ってきて！」「うん、わかった！」「Mちゃんたち、飲み物やって！ うめ組（3歳児）ときく組（4歳児）が、のど乾いているから」「いいよ！ 任せて！」と❸一気に活気づき、役割を分担し合いました。

培った経験を生かす喜び

Mちゃんが、ⓑ「お茶とミント水どっちがいい？ おかわりしてもいいから、先に飲みたい方を言ってね」と3歳児のAちゃんに丁寧に聞いています。★「Aちゃん、Mちゃんに優しく聞

"10の姿"の視点で見ると…

自立心 / **その他の姿**

❶ 身近な環境で遊びを楽しみ、自らやりたいことを満足するまでやりきった達成感が、自立心の基盤となります。

❷ 保育者との信頼関係に支えられ、主体的に行動しています。また自分たちの行動が役立っていることを実感することで、自信につながっていきます。

ⓐ **協同性**
同じ目的をもって、それぞれの役割を果たしたり相手を信頼し物事を進めたりして、充実感を味わっています。

★**保育者の関わり**
事例の5歳児たちは、昼食準備の経験が2年間あり、自分たちだけで行う力がついています。保育者は「任せる」ことで、子どもたちだけで主体的にやってみようとするきっかけを作っています。

❸ それぞれの子どもがするべきことを自分なりに考えて判断し、主体的に行動しています。

ⓑ **言葉による伝え合い**
年下の子もわかるよう、相手が答えやすい問いを選びながら尋ねています。

第3章 事例から考える 保育で育む "10の姿"

いてもらってうれしいね」とI先生が声をかけるとお世話されるAちゃんも、お世話をするMちゃんも、うれしそうにほほえみました。

★保育者の関わり
保育者が認める言葉をかけることで、子どもが自分の行動や話しかけが、他児の役に立っていることを実感し、達成感を味わえるようにしています。

役割分担もバッチリ!!「先生は座ってて！」

「わっしょい、わっしょい！」と、お弁当（お弁当箱におかずが入った物）を運んできたHくんとTくんの姿を見て、YくんやKちゃんも一緒に配り始めました。お弁当をまだもらっていない子をさっと見つけて配るDちゃん、お弁当を持ってしばしうろうろしてしまうCちゃん。Jちゃんは<u>お弁当配りが終わるのを見計らって、お茶碗にごはんをよそい、Mちゃんに手渡しています</u>。お弁当を配り終えた子たちも、ごはんを配る方へ回っていきます。「ごはんのお茶碗は左側、胸にマークがついている方に置いてあげてね」とI先生が声をかけると❹「わかってるよ！　先生は黙っている約束だよ！」「そうだよ！ちゃんと座ってて！」「あら、失礼いたしました」。子どもたちからも誇らしそうな笑いが広がります。「先生、お役に立てないから、せめてお花でも飾ろうかしら」とI先生が花瓶をテーブルに配り始めると「あっ！　それは今、わたしがやろうと思ったのに」とKちゃん。4歳児も加わって「先生はいいから、座ってなきゃダメなんだよ！」と口をとがらせます。

c 健康な心と体
生活のルーティンを理解し、自ら見通しをもって進めることができるようになっています。

❹ 「自分たちでできた」という達成感が、自信につながっています。

★保育者の関わり
保育者が新しい役割を提案することで、一人ひとりが活躍できるチャンスを作っています。

健康な心と体／自立心／協同性／道徳性・規範意識／社会生活との関わり／思考力の芽生え／自然・生命尊重／数量・図形／標識・文字／言葉による伝え合い／豊かな感性と表現

保育者がすぐに取り組める
自立心を育む
環境構成＆援助

自立心を育むためには、子どもたちがやりたいことに主体的に取り組んだり、工夫したりできる環境や援助が必要です。やる気を引き出す言葉かけも忘れないようにしましょう。

キーワード❶
主体的に活動を楽しむ

造形遊び

環境構成
子どものやりたい遊びができるように、道具や素材を用意する。

着替えのコーナー

環境構成
動線や安心感を意識してスペースを区切り、自分の引き出しがわかるようにマークをつける。

時間の目安

保育者の援助
「長い針が〇のところまでに…」など、子どもが見通しをもちやすい基準を示し、声をかける。

第3章 事例から考える 保育で育む "10の姿"

✧キーワード❷✧
自分の力で行うために考えたり、工夫したりする

サーキット遊び

保育者の援助
子どもがイメージをもってサーキットを作る姿を見守ったり、手伝ったりする。

船作り

環境構成
船が浮かぶようにするにはどうしたらよいか、子どもが一緒に考え、工夫する場を作る。

✧キーワード❸✧
やり遂げることで、満足感や達成感を味わい自信をもつ

当番活動

環境構成＆援助
当番表を貼り、「今日は自分だ」とわかるようにして、やる気を引き出す。

木工遊び

環境構成
持ちやすいかなづちや、釘を打ちやすい板など、子どもが扱いやすい素材と道具を用意する。

一輪車や竹馬遊び

保育者の援助
手を貸したり、見守ったりしながら、最後まであきらめずにできるような声かけをする。

事例⑦ 協同性

3歳児 11月

車のお家ごっこ

これまでの子どもの姿
生活に必要な習慣が身につき、身近な遊具や道具を使って積極的に遊ぶようになってきました。気の合った友達ができ、同じ場所で同じ物を持って、心を通わせて遊ぶことを楽しんでいます。

ねらい
- 友達と共通のイメージをもって遊びを楽しむ。
- 自分の思いを言葉で表現して、相手に伝えようとする。

環境作り
- 友達と関わりながら進めていく遊びを取り入れる（おにごっこ、じゃんけん遊びなど）。
- 子どもの要求やアイデアに応じてすぐに対応できるよう、廃材やのり、紙やセロハンテープなどを準備しておく。
- ごっこ遊びに使えそうな道具（衣装、かばん、布、食器、人形など）をすぐ手に取れる場所に配置しておく。
- 子ども同士のやりとりを見守りながら思いを汲み取り、引き出していく。

活動

声のかけ合いからごっこ遊びへ

❶昼食後、いつも遊んでいる木製の車（保護者が手作りしてくれた大きな車）に6名が集まり、遊び始めました。一人ひとりがさまざまな役になりきっている様子です。

Kくんが ⓐ「Yくん！　お家ここね」と大きな声で呼びかけました。❷Iくんが棚を指さして「もう夜だよ。ここが寝るところだよ」と言うと、全員が棚の上で横になりました。

Yくんが「朝だよ」と言うと、全員が車に乗り込みます。「よし、出発進行！」とYくんが言うと、ⓑMちゃんは、シートベルトを着けるしぐさをして「あたし、子どもでいい？　眠い」と子どもになりきった声でYくんに語りかけました。

それぞれがイメージを膨らませる

★A先生は、「ここはお家？」と尋ねてみました。すると、運転席にいるYくんが「車のお家」と答えました。犬になってじゃれあっていたSくんとOくんは、「ワンワン」とうれしそうに答えます。❸それに呼応してYくんも「ウーウー」とうなりました。「恐竜もいるの？」とA先生が言うと、うれしそうにまたうなりました。

"10の姿"の視点で見ると…

協同性

❶ おもしろいことがありそうだと同じ場所に集まってくるのは、「この子と一緒だと楽しそう」と相手の存在を意識しているからです。楽しさを共有するなかで相手の感情にも少しずつ気づくようになります。

❷ アイデアを出し、友達に受け入れられています。このような経験が、友達と遊ぶ楽しさや相手に受け入れられるうれしさにつながります。

❸ 友達の「ワンワン」に対し、自分なりの方法で共感して表現し、楽しい遊びが広がっています。

その他の姿

ⓐ 言葉による伝え合い
自分の思いついたことや感じたことを言葉で表したり、相手の言葉を聞き取ったりして行動しています。

ⓑ 豊かな感性と表現
自分の経験したことを、ごっこ遊びのなかでなりきって表現しています。

★保育者の関わり
場の共有を楽しみ、それぞれが自分のイメージで遊んでいます。ここでは共通のイメージを引き出そうと、意図して声をかけています。

ランドセルがきっかけで遊びが変わる

C Iくんが思い立ったように、おもちゃ置き場にランドセルを取りに行きました。**④** それを見て、Yくんも「おれもランドセルやりたい！ どこにあるの？」とすぐにまねをしました。

ランドセルを背負ったIくんとYくんが「バイバイ」と車のお家から出て行くと、Sくんもランドセルを背負い、後を追います。Oくんが四つんばいになって3人を追うと、同じ体勢でMちゃんとKくんも続きました。**★** A先生が「学校にわんちゃんも一緒に行くの？」と聞くと、Kくんがうれしそうな表情でMちゃんの手をとりました。

学校ごっこの始まり

⑤ 3人がランドセルを背負い、3人が四つんばいになって犬役。犬の前を見えないリードを引いて歩いていく学校ごっこの始まりです。学校らしいところに着くと、ランドセルを開けては閉めてを何度か繰り返しました。そしてまたみんなで、車のお家に帰り「ただいま」と口々に大きな声を響かせていました。

④ 思いを言葉で伝えて共有するまでには至っていませんが、目で見て他児の考えを取り入れています。3歳児らしい共有の仕方です。

C 思考力の芽生え
ランドセルがきっかけになり、学校ごっこという新しい遊びに発展しています。

★ 保育者の関わり
ランドセルを背負った子たちを犬になって追うことで、ごっこ遊びのストーリーが展開し始めました。友達との関係がより意識できるように、声をかけています。

⑤ 「学校へ行く」というイメージが共有され、自分の思いと友達の思いが重なる楽しさを感じています。またいろいろな役になりきって自分とは違う立場に立つことで、さまざまな共感を味わいます。

グループの名前はなにする？

事例⑧ 協同性 4歳児 6月

これまでの子どもの姿
進級から3か月経ち、すっかりクラスの雰囲気にも慣れて行動範囲も広がってきています。気の合う友達としたい遊びをするなかで、自分の思いを言葉や行動で伝えようとしますが、うまく伝えられずにぶつかることも出てきます。

ねらい
- 友達と相談しグループの名前をつけることを楽しむ。
- 自分の考えを話し相手の考えをよく聞いて、相手の思いに気づく。

環境作り
- 子どもの興味・関心が十分に発揮され、満足できる多様な遊びを取り入れる（はさみで型切り、色水、廃材、虫とりなど）。
- 絵本、紙芝居、素話など、言葉のおもしろさや伝え合う楽しさを体験できる機会を十分に設ける。
- 多様な友達と関わる遊びを取り入れる。
- 子どものアイデアを生かした遊びを一緒に考える。

活動

今日からグループ。うれしいね！

生活グループが決まり、みんなうれしそうです。さっそくグループの名前を決めることになりました。担任のK先生が「みんなはいろいろな物の名前を知っているわね。昨日は『こんなミックスジュースがあったらいいな』って、いろいろな果物を思い浮かべておいしそうなジュースの絵を描いていたわね。★ⓐ 今日はグループの名前を好きな果物の名前にしてみましょうか」と問いかけ、話し合いが始まりました。

名前を決めるのは楽しい！でも…

❶ⓑ Aくんのグループは、なかなか意見がまとまりません。すいかが大好きなCくんが提案した「すいか」にすぐ全員が賛同し、めでたく命名となるかと思いきや、Aくんが「すいかは、種があるから嫌だ」と異議を唱えたのでした。Bちゃんが「これから夏だから、すいかはおいしいよ」と説得しようとしても、❷ Aくんは「絶対すいかは嫌だ」と譲りません。Aくんは、「バナナはどう？」と逆にみんなに提案しましたが、今度はCくんが「絶対すいか！」と「すいか」の一点張りで考えを変えようとはしません。全員が「いい！」という名前に決めたいグループの仲間は、困ってしまいました。こう着状態で、気持ちも八方ふさがりです。

"10の姿"の視点で見ると…

協同性 **その他の姿**

★保育者の関わり

ミックスジュースの果物の描画を楽しんだことを踏まえ、子どもたちが相談しやすいように、グループ名を「果物」というジャンルから選ぶことを提案しています。しかし一方で、もっと自由な発想でもよかった、との反省もあります。

❶ まだ、自分の思いを一方的に言うことが多い4歳児ですが、少しずつ相手に伝えようとしたり、相手の思いに気づいたりする様子が見られます。

❷ さまざまな考えや個性をもった友達と接する経験をすることで、相手の気持ちに応じて関われるようになっていきます。

ⓐ 思考力の芽生え
果物というカテゴリーのなかから発想することは、集合概念の育ちにつながります。

ⓑ 言葉による伝え合い
友達の意見を受けて自分のなかに新しい意見が生まれるなど、さまざまな意見を出し合うことで、他者と心を通わせる経験をしています。

なにかいいアイデアはないかなあ…

★K先生が見かねて「どうしたの？」と話しかけると、みんなは口々にグループの名前を決めたいのに決まらない理由を話し始めました。少しの沈黙の後、Dちゃんが「明日考えようよ」ともうすぐお弁当の時間になってしまうことに気がついて言いました。 c Eちゃんも明るい声で「わたし、家でも考えてくるね」と提案し、みんなも納得して明日相談することになりました。

> ★**保育者の関わり**
> 話し合いがこう着状態になったとき、気分を変えたり、時間をおいたりするのも1つの選択肢です。ここでは、今すぐ決めなければならないことではなかったので、結論を出すタイミングを子どもたちに委ねています。

翌日、お弁当を食べながら

次の日、お弁当を食べながら再び相談が始まりました。❸昨日は出なかった新しい果物の名前も登場し、知っている知識を生かしてみんなが「いいね」と思う名前に決めようと意欲満々です。

❹最終的に「すいか」と「マンゴー」に候補が絞られました。どちらにするか「くじ引きで決める」ことで話し合いが成立しました。Cくんがくじを引き、グループ名は「マンゴー」に決まりました。d Cくんは「おれ、すいかの次にマンゴーが好きだったんだよ」とうれしそうに言いました。名前が決まり、5人はとても満足そうでした。

❸ 1日経ったことで、他の果物の名前も思い出し、話し合いが活発になっています。そこから少しずつ、友達との考えを1つにまとめていくことを経験していきます。

c **自立心**
グループ名を考えることを自分の課題として、責任をもってやり遂げようとしています。

❹ 2つに絞られた名前をどう決めるかも、仲間と一緒に考えたことで、くじ引きという公平な手段がとられました。

d **道徳性・規範意識**
希望通りにならなくても、自分なりのルールを作り直して気持ちを調整しています。

事例⑨ 協同性

5歳児 1月 2月

発泡スチロールの箱でかまくらを作ろう

これまでの子どもの姿
1日の生活の流れを理解し、自分たちで見通しをもって活動ができるようになってきています。また友達のよさを認めたり、励ましたりする姿が見られ、集団遊びが長時間継続するようになりました。

ねらい
- 友達と楽しく活動するなかで、共通の目的を見出し、工夫したり協力したりする。
- 身近な素材に関心をもち、遊びに取り入れて工夫する。

環境作り
- 友達と考えて工夫しやすいように、さまざまな材料を用意し、扱いやすいように分類しておく。
- 他クラスや異年齢と交流を深められるよう配慮する。
- 遊びを進めていくための場所や時間を十分に確保する。

活動

ねこ形の設計図に気持ちが盛り上がる

作品展に向けた話し合いの結果、みんなで「雪の世界」を作ることになりました。そのなかでAちゃんの案に賛同した子どもが「かまくら作り」に集まりました。雪が降ったときに保育者と作ったり、絵本で見たりしたかまくらに憧れを抱いたのです。材料探しでは、Aちゃんは<u>夏祭りのときに保護者が保冷用に集めた、大量の発泡スチロールの箱があることを知って</u>[a]、みんなに提案しました。みんなも「白いからピッタリだね」と賛成して<u>さっそくBちゃんとCちゃんが設計図を描きました。2人の描いたかわいらしいねこ形のかまくらに、みんなの気持ちは盛り上がりました。</u>❶

どうして崩れるのだろう

倉庫から、手に持てるだけの箱を持ち、何度も運んで部屋は箱でいっぱいになりました。いよいよ作業開始です。しかし、設計図を思い描きながら<u>子どもたちそれぞれが積み上げていく</u>❷ので全体のバランスがとれず、ちょっと触ると崩れ、また積み上げると崩れることが続きました。そのうちIくんとKくんが崩れることをおもしろがって、箱をたたき始めました。❸[b]<u>女の子たちが怒って「ちゃんとやってよ」と言うと、「だって崩れちゃうんだもん」とけんかになりそうです。</u>★<u>担任のM先生が</u>見かねて「どうして崩れるの？」と聞くと、女の子たちが口々

"10の姿"の視点で見ると…

協同性 / **その他の姿**

❶ 自分からなにかやろうという意欲や活力が高まり、役割分担しています。設計図を友達に任せたり、できあがった設計図をもとに考えたりと、お互いによさを認め、思いや考えを共有しています。

[a] **社会生活との関わり**
さまざまな人との関わりから、園内のどこに、なにがどうしてあるのかという情報を収集していて、それを活用しようとしています。

❷ 目的を共有していても自分の視点からしか物事を捉えられないのが幼児の特性です。

❸ 他者の立場から考えられるように一人ひとりに応じ、繰り返し働きかけることが重要です。

[b] **道徳性・規範意識**
興奮している友達に対して、みんな一緒にやることを促す気持ちで注意しています。

★保育者の関わり

M先生は、発泡スチロールが軽くて積み上げにくいことを予想していました。子どもたちが試行錯誤していく様子を見ながら仲介するタイミングを考えています。

に「IくんとKくんがバンバンするから」と言いました。そのときYちゃんが、「軽いから崩れる」とつぶやきました。M先生がそれを受けて「たたくから崩れるのではなくて軽いから崩れると思うの？」と問いかけました。それを聞いたNちゃんが「重くしよう。なかになにか入れれば、崩れないんじゃない」と言いました。子どもたちからいろいろな意見が出てきます。「箱が割れちゃうから、タオルとか柔らかいもの？」「園にはタオルはたくさんないね」「新聞紙はたくさんあるね」とAちゃんが新聞紙を入れてみました。「でもいくら入れても上が余るね」と箱のなかで新聞紙が動くことをAちゃんが気にすると、Yちゃんが「丸めるといいんじゃない」と言いました。Nちゃんが「丸めても重さは同じだよね」と応じ、Aちゃんが箱を見上げて「しかもこんなにたくさんの箱に入れる、新聞紙はないね」とため息をつきました。Yちゃんが「家から持ってくればいい」と言うと、Nちゃんが「新聞紙の他に、なにかないかな」と返します。するとIくんとKくんが廃材置き場を見に行き、プリンカップと段ボールを持ってきました。Nちゃんは「これは、軽くてダメだね」と2人に言い聞かせました。

★M先生が「園にたくさんあって重さがある物を探してみる？」と提案すると、誘い合って探しに行ったAちゃんとYちゃんが大型ブロックを見つけてきました。Nちゃんのリードで試してみるとぴったりと箱に収まり、重さの問題が解決しました。

2日目には、箱をアーチ形につなげて入り口を作るなかで奥行きも必要なことに気づき、箱を追加していきました。養生テープで箱をつなぎ合わせると、思い通りの形に近づいてきました。

3日目に、2階のホールに運び、設計図通りに三角形の耳を貼り、天井に布をつけて完成しました。かまくらのなかにテーブルやままごとセットを持ち込みました。

4日目、いよいよ作品展。3歳児クラスを招待しました。途中で壊れそうになると、Iくんが積極的に直す姿が見られました。

c 思考力の芽生え
発泡スチロール箱の性質や仕組みを理解して、発言しています。友達のさまざまな考えに触れることで、考えがよりよくなっていきます。

❹❺ 共通の目的について話し合いを進め、行動に移しています。そのなかで工夫や問題解決の糸口を見つけたり、友達といきいきとした関係を築くなど、1人ではできない経験になっています。

d 言葉による伝え合い
相手にわかるように言葉で伝え合うことで、新しい考えが生まれ、思考力の芽生えにもつながっていきます。

★**保育者の関わり**
それまでの話し合いでまとまった共通の目的を再度明確にすることで、子どもたちの視野を広げるヒントを伝えています。

e 自立心
初日には箱を崩して楽しんでいたIくんですが、失敗を繰り返しつつ挑戦し、やり遂げたことで変化が見られます。作品が壊れないようにするためにしなければならないことを自覚して、自ら行動しています。

保育者がすぐに取り組める

協同性を育む環境構成＆援助

友達と遊びや生活を共にし、試行錯誤するなかで、考えや目的を共有するようになっていきます。話し合いや相談の経験を重ねる、他児の思いや考えを見聞きする機会を作るなど、保育者の仲介で協同性の育ちを後押しすることができます。

キーワード❶ 友達と思いや考えを共有する

お店屋さんごっこの話し合い

環境構成＆援助
何のお店にするかや、作る係、売る係、レジ係、案内係など、役割をじっくり話し合える場を設ける。

ままごと遊び

環境構成＆援助
遊び道具を用意して場を作り、好きな役を選んで遊びが展開できるように見守る。

ボール遊び

保育者の援助
子ども同士で、ルールやチームを確認したり決めたりできるように、話を仲介していく。

第3章 事例から考える 保育で育む "10の姿"

キーワード❷ 共通の目的の実現に向けて協力する

リレー

保育者の援助
みんなで順番を相談したり、応援したりできるように声をかける。

作品展のテーマ決め

環境構成＆援助
子どもの意見をホワイトボードにまとめて、意見の違いに気づけるようにする。

街並み製作

環境構成
道路や電車、建物など、友達と相談しながら街を完成させられるように、さまざまな道具や素材を用意しておく。

キーワード❸ 充実感をもってやり遂げる

運動会

保育者の援助
友達と競技やダンス、係活動に取り組み、やり遂げた姿を認めていく。

地図作り

環境構成＆援助
グループで作った後、みんなの前で発表する機会を設け自信につなげる。

事例⑩ 道徳性・規範意識の芽生え

3歳児 6月

「貸して」って言ってみよう

これまでの子どもの姿
園生活にも慣れ、自分のしたい遊びを見つけて楽しむようになった子どもたち。天気のよい日は外に出て、固定遊具や水遊びを楽しんでいます。身支度やお弁当の準備も少しずつ1人でできるようになってきました。周りにいる友達と笑ったり、同じ物を持って喜んだりして遊んでいます。

ねらい
- 砂遊びを通して、物の貸し借りや順番を知る。
- 「貸して」「順番で」など、遊びや友達とのやりとりに必要な言葉を使う。
- 順番を待ったり、我慢したりすることを体験する。

環境作り
- 入園当初は、一人ひとりに十分な数の道具を設定する。
- 順番や貸し借りの仕方を身につけられるように、少しずつ数を減らしていく。

活動

大好きな砂遊びの場で

子どもたちに人気の砂遊び。**裸足になったり、袖や裾をまくったりと身支度も上手になってきました。**〔a〕

今日も砂場でMくんがバケツに砂と水を入れて、ごちそう作りにいそしんでいます。

「もっと水を入れた方がトロトロになるよ！」「おだんごできた、見て」〔b〕と担任のC先生や周りの友達と話しながらバケツのなかの泥をスコップでかき回しています。

Mくんが水を汲みに行っている間に、他の子がスコップを持っていってしまったようで、戻って来たMくんは大泣きです。C先生が駆けつけ、「どうしたの？」と聞くと「ぼくのスコップがない」と主張します。

順番ってどういうこと？

★C先生は「誰も使ってなくて、置いてあるだけだと思って持っていってしまったんだね。じゃ、別の物を探してみよう」と一緒に遊具置き場を見に行ってみましたが、全て使われていました。

「Mくん、もうないね。こういうときは❶〔c〕**順番っていってね、お友達が使い終わったら貸してもらうといいよ**」とC先生は言い、「Dくんに『次、貸して』って言ってみようか」と投げかけました。そして、しばらくの間一緒に待っていると、Dくんが「はい」と貸してくれました。ほっとしてMくんは、続きのごちそう作りを始めたのでした。

"10の姿"の視点で見ると…

道徳性・規範意識 / **その他の姿**

★保育者の関わり
困っているMくんの気持ちに寄り添い、どうしてなくなったのか状況を伝えます。それから、使いたい気持ちを満たすためにどうすればよいかを一緒に考えています。

〔a〕健康な心と体
砂遊びをするときに、裸足になり靴下を靴に入れる、袖や裾をまくる、帽子をかぶるなど、遊びや生活に必要な習慣が、自分でできるようになっています。

〔b〕〔c〕言葉による伝え合い
砂や泥の感触を感じるとともに、遊びの楽しさを言葉で表現し、共感し合っています。また、「貸して」「いいよ」などを保育者と一緒に言いながら、友達との関わり方を覚えていきます。

❶❷ 園にはたくさんの友達がいて、数に限りがある物で遊びたいときは、順番があることを経験し、知っていきます。

別の場所では、Sちゃんが友達が使っているカップを黙って持っていってしまいました。

C先生は、★「Sちゃん、カップ使いたかったの？ このカップはお友達が使っていたから、使いたいときは『貸して』って言うんだよ」と話し、一緒に伝えてみました。

すると、快く「いいよ」と貸してもらうことができ、Sちゃんもうれしそうでした。

★保育者の関わり

まずは、カップを使いたかったSちゃんの気持ちに寄り添い、その後、他の子どもの存在や気持ちに気づくように投げかけています。この時期の子どもは、保育者と一緒に言ってみることで順番を待つことや貸してと伝えることを理解していきます。

砂場での学びを経験して

別の日。隣のもも組（3歳児）が保育者と一緒に山を作っていました。

d「こっちの砂の方が硬いよ」「もっとたくさんお砂運ばないとね」と会話をしながら楽しんでいましたが、様子を見ていたKくんとTくんがその山に登り始めて壊してしまい、それから山を壊すことが楽しくなってしまいました。

壊されて怒ったもも組の子どもたちが、Kくんたちに砂をかけました。「なんだよ」とやり返すKくんとTくん。C先生が「Tくん、Kくん。ここの山はもも組さんが一生懸命作ったんだよ。壊されたら、嫌な気持ちするでしょ。だから、怒ったんだよ」と、事情ともも組の子どもの気持ちを代弁しました。

それを聞いて下を向いた2人。「やりたかったんだよ」とぼそっと言いました。★「そういうときは『入れて』とか『一緒に遊ぼう』とか言うといいんだよ」とC先生が伝えて、遊びが再開しました。

❸ 友達の遊びに加わるときは「入れて」という手続きの言葉があること、友達が作ったものを壊すのはよくないことで、相手が嫌な気持ちになることなど、遊びのなかでの関わり方については、場面を捉えてそのつど伝えることが規範意識の基礎になります。

d 思考力の芽生え
砂の硬さの違いや山を高くするには多くの砂が必要なことなど、砂の性質や量を感じ、活用しています。

★保育者の関わり

壊すことはよくない行動ですが、保育者はその子なりの理由があったはずだと考え、頭ごなしに叱らずに双方の気持ちを聞き取っています。子どもにとって思いを伝える、わかってもらえる経験をすることが、相手理解の土台になるのです。

事例⑪ 道徳性・規範意識の芽生え

4歳児　10月

どんなお店にしようかな？

これまでの子どもの姿
いろいろな遊びへの意欲が高まってきています。5歳児のお店屋さんごっこを見てからは、自分たちも「お店を出したい」「先生はどんなお店が好き？」などの声が出るようになってきました。

ねらい
- 友達と相談するなかで、協調性や社会性を身につける。
- お金を払って品物をもらう、おつりをもらうなど、買い物の仕方やルールを知る。
- お客さんの気持ちを考えながら、品物を作ったり売ったりして関わりを楽しむ。

環境作り
- 話し合いのグループは4～5人にし、一人ひとりが意見を言えるように仲立ちする。
- 話し合いの内容を明確にして、意見を出しやすいようにする。

活動

買う立場から売る立場へ

お菓子屋、八百屋、おもちゃ屋など、5歳児のお店屋さんごっこを見て憧れをもっていた4歳児たち。今まではクラス内で物を作ったり、売り買いしたりするだけで満足していましたが、自分たちもお店を出してお客さんを呼びたいということになりました。

担任のY先生が、★生活グループごとに1つずつお店を出すことを伝えて、話し合いがスタート。子どもたちから ⓐジュース屋、アイス屋、剣屋などの意見が、どんどん出てきました。つぎつぎに決まっていくなか、決まらないグループもあります。

きりんグループは、男の子と女の子で2つに意見が分かれました。男の子はレストラン、女の子はくじ引き屋でどちらも譲りません。

Y先生が「どうする？」と尋ねると、❶「じゃんけんで勝った方」とAちゃんが言い、「やだ」とDくん。「決まらないじゃん」とAちゃん。女の子たちは、顔を見合わせて「ねーっ」と思いを合わせています。「だって、じゃんけんはずるいから。負けると悔しいからやだ！」とDくんはふくれっ面で対抗しています。

「どっちも合わせたら？」との意見が出て、一瞬揺らぎましたが、❷「先生が1つのお店って言ったよ」と、また悩みます。
★Y先生は、少し子どもたちで考えられるように見守ることにしました。

しばらく時間が過ぎて、他のグループの友達が心配して来

"10の姿"の視点で見ると…

道徳性・規範意識　　**その他の姿**

★保育者の関わり
自己主張が強く、協調性や社会性を学んでいる途中の4歳児の話し合いをスムーズにするため、テーマや条件を絞って明確に伝えています。

❶ 話し合いでは決まらなかったことを受け、「じゃんけん」という新しいルールを提案しています。解決したいという思いの表れで、規範意識の芽生えが見てとれます。

ⓐ **言葉による伝え合い**
自分でしたいお店があるということは、意思と意欲の表れで、それを言葉で伝えています。友達に伝わるとうれしいので、さらに会話が広がります。

❷「1つのお店」というルールを守らなくてはならないこと、また目的に向かって答えを出さなくてはいけないことを理解したうえで、自己と対話をして悩むことは、道徳性の芽生えです。

★保育者の関わり
子どもたちが考えを進めるには、時間が必要です。折り合いをつけるタイミングを考えながら見守っています。

くれました。事情を知ったKくんの「じゃ、レストランで食べた人が、終わったらくじ引きをするのはどう？」という新しい意見に、「いいね、そうだね」と納得して満場一致で決まりました。

グループで意見が分かれて

ライオングループは、5人中4人はアイス屋、Tちゃん1人だけがアクセサリー屋をやりたいと主張していました。「みんながいいって言ってるんだから」と、説得に入る4人。
「絶対やだ」と怒り口調のTちゃん。「アクセサリーの方が売れると思う」「アイスは、本物じゃないから」など自分なりに考えられる理由を伝えていました。
考えを聞いているうちに、グループのうち2人が、「アクセサリー屋でもいいよ」と譲ってくれました。
なかなか決まらない様子を見かねて、他の2人も「我慢するから…」となんとか妥協して決まりました。

納得した後は、お店屋さん作りに全力で取り組む

グループでお店が決まると、作るのはパワー全開。
「アクセサリーはネックレスと指輪と腕輪があるよね」「キラキラのモールを使うときれいじゃない！」「ハートの形がかわいいよ」と材料を考えたり、かわいいアクセサリーのための形や色の考えを出し合ったりしています。Y先生は子どもの会話を聞きながら、いろいろな材料を用意しました。

❸ 話し合いのなかから「こうしたらいい」という解決策を出すことで、自ら決まりを守ろうとする姿につながります。

b 協同性
自分の意見をもって話し合いに参加していることが大切です。そのなかで友達のアイデアに気づき、共通の目的の実現に協力するようになります。

❹ 話し合いのなかで、自分の意見を言う、友達の考えを受け入れる、相手の気持ちを知るなどを経験することは、協調性の育ちにつながっていきます。ときには我慢することで、自己調整力の育ちの基礎になります。

c 豊かな感性と表現
アクセサリー作りに必要な材料を考えたり、本物のように作るための工夫をしたりと、意欲的に表現しています。

★**保育者の関わり**
子どもたちから出た意見を取り入れて、実現できるようにしています。実現が難しい場合には、子どもたちと話し合い、保育者が代わりの物を提示していきます。

事例⑫ 道徳性・規範意識の芽生え

5歳児 3月

卒園間近の気持ち

これまでの子どもの姿
卒園式を数日後に控えた頃。子どもたちは園生活との別れを惜しむように、したいことや好きな遊びを友達と一緒に楽しんでいます。小学校への期待が高まり自信をもって行動できる子どもが増える一方で、新しい生活に不安を抱えている子どももいます。

ねらい
- 友達の気持ちを考えて、思いやりをもって行動する。
- 友達との関わりのなかで折り合いをつけながら、充実した気持ちで遊ぶ。

環境作り
- 子どもたちがしたいことを十分にできる時間を保障し、楽しめるようにする。
- なごやかな雰囲気で臨めるよう、部屋の飾りや配置を工夫する。
- 自信につながるように、その子のよさを十分に認めて活躍できるようにする。

活動

卒園式を控えて

卒園間近のある日。**a 卒園式に担任のI先生に贈る歌「思い出のアルバム」**を、秘密で練習していた子どもたち。帰りの支度をしているときに、**b 誰かがうたい始めると、あっという間に大合唱になりました。**声も息もぴったり合い、気分も高まってサビにさしかかり盛り上がってきたところで、Aちゃんがぽろぽろ泣き始めてしまいました。

その様子を見たBくんが、「うわー、泣いてるの」とちょっとからかい半分で言いました。すると、Aちゃんは「しょうがないでしょ！」と必死の形相で訴えます。

① その瞳の真剣さと声の気迫に、はっとしたBくん。「ごめんね」とひと言告げてそっとその場を去り、Aちゃんの動向を見ていました。

★ I先生は子どもたちの様子を、廊下の端からそっと見ていました。

涙の理由を知って

「どうしたの？」Aちゃんのもとに、女の子たちが集まります。
「私、みんなと同じ小学校に行けなくなったの…」「えーっ！」「お父さんが転勤になったからさ」。
c 事情を知った子どもたちは、「そうだったんだ」「小学校は別でも友達だよ！」など、② 共感したり励ましたりしてその場は落ち着きました。

"10の姿"の視点で見ると…

道徳性・規範意識

① 友達の様子を見て、気持ちを察し、自分のとった行動に気づくことができるようになっています。すぐに謝ったり見守ったりと適切な行動をとれることが、道徳性の育ちとして表れています。

★保育者の関わり
5歳児のこの時期に、子ども同士でどう解決していくのか動向を見守っています。

② 友達の様子や言動から、どんなことをすれば喜ぶか、気持ちに寄り添えるかを考えて、行動しています。

その他の姿

a 自立心
卒園間近の子どもたちは、心身共に充実感に満ちて生活しています。先生に歌のプレゼントをする目標に向かって、主体的に取り組んでいます。

b 協同性
それぞれの気持ちが発揮され、歌を通して、協同で活動することの喜びや大切さを学んでいます。

c 言葉による伝え合い
悲しい気持ちでいる友達に、どんな言葉をかけると喜ぶか、元気になるか考えて伝えています。

それぞれの気持ちを言葉に表して

　次の日から、Aちゃんと仲のよい友達が「ねえ、Aちゃん今日はなにして遊びたい？」と遊びのなかでAちゃんの思いを取り入れようと、気を配る姿が見られました。いつも以上に笑顔が増えて、お互いに遊びを一緒に楽しみたいという思いに溢れていました。

　AちゃんをからかってしまったBくんは、女の子たちが歌の練習を始めると自然と加わります。歌声が大きくなり、いつの間にかクラスの半分がうたっていました。

　Aちゃんの涙を境に、クラスの子どもたちの気持ちも1つに。「先生を喜ばせたい」という目的に向かってさらに盛り上がっていきました。また、Aちゃんに手紙を書いてきたり、折り紙でプレゼントを作ってきたりと、それぞれに考えた方法でAちゃんのために行動を起こしていました。Aちゃんは日を追うごとに元気を取り戻していきました。

ついに訪れた卒園式当日…

　卒園式でＩ先生が挨拶を終えると、目配せする子どもたち。役員の保護者が、「子どもたちからＩ先生へ、歌のプレゼントです」と紹介すると、一斉に立ち上がりました。勢いよくうたいだし、クラス全員の気持ちがぴったり合った、自信に満ち溢れた歌声を披露しました。

　うたい終えた子どもたちは達成感と充実感で満面の笑みで卒園しました。Ｉ先生は、そんな子どもたちの姿を頼もしく思い、成長したことへの喜びを感じていました。

❸ 友達の思いに共感し、どうしたら相手を安心させることができるかと、気配りの見られる言動です。

❹ 相手の気持ちを理解しよう、よりよく生活しようと、自分たちがもっている技術や知識を総動員して行動しています。ルールや善悪の判断を基礎に、そこから自分がどう振る舞うか、関わるかを考えて行動できるようになっています。

d 豊かな感性と表現
小学校への期待、園生活の充実感が歌声や表情となって表現されています。

★保育者の関わり

　この事例は、子ども同士の心のやりとりを保育者がそっと見守っていた記録です。道徳性や規範意識は、ただの善悪の判断やルールを守ることだけでなく、相手を理解し、自分がどのような言動をすればいいか判断して行動できるようになることが大切です。

保育者がすぐに取り組める

道徳性・規範意識の芽生えを育む環境構成＆援助

自分の気持ちをコントロールしたり、さまざまなルールを守ろうとしたりすることは、社会で生きていくうえで大切な力です。
保育者は伝えることに加え、子どもが自ら考えられるよう配慮しましょう。

キーワード ❶
してよいことや悪いことがわかる

プール遊び

保育者の援助
プールに入る前に「押さない」「走らない」など安全上の約束を確認する。

園内掲示

環境構成
入ってよい場所や入ってはいけない場所をわかりやすく知らせる掲示をする。

園外散歩

保育者の援助
街を歩くときの注意や、標識を見たり道を譲ったりすることを事前に話しておく。

第3章 事例から考える 保育で育む "10の姿"

✦キーワード❷
決まりの必要性がわかる

[ドッジボール]

保育者の援助
当たったら外野に出るなど、ルールがあるから遊びが楽しいことを伝える。

[手洗い]

環境構成
手洗い場での並び方がわかりやすいように、壁に掲示したり、床にテープを貼ったりする。

✦キーワード❸
決まりを作ったり守ったりする

[ぶらんこの交代]

保育者の援助
「いくつ数えたら交代する?」など、みんなで決められるように言葉かけをする。

[おもちゃの片づけ]

環境構成&援助
子ども同士で話し合い、片づけ方を決めて収納方法や場所を設定する。

✦キーワード❹
友達と折り合いをつける

[グループの名前決め]

環境構成&援助
子ども同士が話し合える場を作り、決定までの時間をたっぷりととる。

[けんかの後に]

保育者の援助
けんかをテーマにした絵本を読み、お互いの気持ちに気づけるようにする。

5歳児と一緒に園内探検

事例⑬ 社会生活との関わり
3歳児 5月

これまでの子どもの姿
新年度が始まり、しばらくは保護者から離れる不安で戸惑う姿が見られましたが、日を追うごとに園生活に慣れてきました。保育者の周りについて歩いていた子どもたちも、少しずつ視野が広がり園内を歩き回っています。近くにいる友達と手をつなぐ姿も見られます。

ねらい
- 園内を5歳児とペアになり、一緒に歩くことを楽しむ。
- 園内のいろいろな場所を知る。
- 5歳児と関わりをもち、安心する。

環境作り
- 5歳児と3歳児の2人1組でまわれるよう、人数を調整しておく。
- 園内探検で立ち寄るポイントに、わかりやすい目印をつけておく。
- 終えたら最後にお楽しみ（おやつ）を用意する。

活動

登園後すぐ、だんごむしを探しに

この時期に園庭の草木の根のあたりを探すと、たくさんのだんごむしが見つかります。Kくんは <u>ⓐだんごむしに夢中で、今日も登園するなり探し始めました</u>。ここ数日、毎日プリンカップにいっぱいだんごむしを捕まえています。<u>❶Kくんの捕まえただんごむしに興味をもったTくんが、近づいてきてカップをのぞき込んでいます</u>。★F先生は、まだ少し怖がっているTくんを見て、そっとTくんの手にだんごむしを載せました。だんごむしとKくんを交互に見つめながら、Tくんはとてもうれしそうです。

「もも組さん、お集まり〜」

この日の活動である「園内探検」を始めるため、F先生が「もも組さん、お集まり〜」とクラスの子どもたちを呼ぶと、<u>❷4〜5人がF先生と同じようにテラスから園庭に向かって「もも組さん、お集まり〜」と呼びかけます</u>。だんだん保育室にみんなが集まってきました。集まって来た子どもたちも、まねして<u>ⓑ「もも組さんお集まり〜」と楽しそうに大きな声でクラスの友達を呼びました</u>。

今日は園内を探検しましょう！

「今日は<u>❸5歳児クラスのお兄さんお姉さんが、みなさんを</u>

"10の姿"の視点で見ると…

社会生活との関わり

❶ だんごむしに興味をもったことをきっかけに、友達の存在に気づき、関わりをもつようになっていきます。他者への気づきは、社会生活との関わりの始まりです。

❷ 保育者のすることに敏感に気づいて、まねをしています。生活のなかで情報の伝え合いをしていくことは、社会生活をするうえで、大切な要素です。

❸ 園という社会には自分より年上の子どもや他クラスの保育者など、いろいろな人がいることを知り、少しずつ子どもは世界を広げていきます。

その他の姿

ⓐ 自然・生命尊重
身近な環境で出会う虫に触れ、丸くなるおもしろさにひきつけられています。見て、触って、心動かされる体験はとても大事です。

★ **保育者の関わり**
だんごむしは噛みつくこともなく、触るとコロンと丸くなっておもしろい、子どもの「虫入門」にはぴったりの虫です。触りたいけれど触れないTくんの気持ちに寄り添い、保育者はそっと後押しをしました。

ⓑ 協同性
一部の子が始めたことですが、その輪が広がり、みんなで呼ぶことを楽しんでいます。

園内探検に連れて行ってくれます。手をつないで一緒に歩いてくれますよ」とF先生が言うと、「トントン」とドアをたたく音がして、5歳児たちが来てくれました。★5歳児と3歳児でペアを作って自己紹介をしたら、いよいよ出発です。F先生が先頭を行き、その後から5歳児が3歳児のエスコートをしながらペアでポイントを回り、目印の場所で止まります。[c]水道の前で「ここは手を洗うところです。洗った後は水を止めるのを忘れないでね」とF先生が説明すると、④5歳児のSくんが3歳児のMちゃんに「水止めるんだよ」と声をかけ、Mちゃんもそれを神妙な顔で聞いています。

途中、3歳児のなかには興味のあるところに行ってしまう子もいましたが、5歳児が一生懸命追いかけてくれました。

ゴールのお楽しみは お・や・つ

20分ほどかけて園内を歩き、もとの保育室に戻ってきました。5歳児が「あ～たいへんだった…」と思わずつぶやきます。F先生が「5歳児さんありがとう。⑤5歳児さんと3歳児さんでもう1度名前を教え合ってね」と促すと、5歳児と3歳児は並んで座り、お互いに名前を伝え合った後、★おやつのおせんべいを一緒に食べました。

[d]「また遊ぼうね」「砂場で一緒に大きな山を作ろう」「三輪車を押してあげるね」などと言って5歳児は自分のクラスに帰っていきました。

★**保育者の関わり**
5歳児が誘いながら、子どもたちだけでペアを作るのが望ましいですが、この時期の子どもには、まだ保育者の手助けが必要です。子どもの性格や兄妹関係などを加味して、ペアにしていきます。

④ 5歳児に教えてもらうことで、年上の子への尊敬や憧れが生まれ、さまざまな人への関わり方を知るようになります。

[c] **道徳性・規範意識**
園の施設・設備の使い方を知ることは、心地よい生活の基礎になります。まずは、園のルールを知らせることから始めています。

⑤ 「名前」を知ることは相手を知る第一歩です。ここから園内に知り合いが増え、同年齢の友達関係以外にも、社会が広がっていきます。

[d] **言葉による伝え合い**
5歳児からの言葉を聞く場面ではありましたが、名前を言い合ったり、5歳児からの問いかけに答えたりした経験により、言葉を意識した活動になっています。

★**保育者の関わり**
食べ物に限りませんが、ゴールしたときになにかうれしいことがあると、達成感を感じて喜びが大きくなります。5歳児と3歳児が一緒に食べることで、子ども同士の心も近づくと考え、用意しました。

商店街で買い物をしよう

これまでの子どもの姿
夏休みが終わり、友達や保育者に休み中の出来事をうれしそうに話したり、クラスの集まりで発表したりしています。また気の合う友達ができ、自分たちで設定した「ごっこ遊び」を楽しむ姿も見られるようになりました。ときおり思惑の違いからトラブルになることもありますが、保育者が仲裁に入ると折り合いをつけていきます。

ねらい
- 友達と一緒に交通ルールを守って街を歩く。
- 自分たちの住んでいる街に、どんな店があるのか興味をもつ。

環境作り
- 事前に、店の様子だけでなく経路の安全も確認しておく。
- 子どもたちにも活動を予告して、みんなで地図を作るなどして、期待を高める。

活動

本当のお店屋さんに行こう！

クラスの集まりの時間に、★担任のI先生が子どもたちに「今度みんなでお店に買い物に行ってみようか？」と言いました。いつもままごとで買い物ごっこをしていた子どもたちは、大喜びです。「なに買うの？」とYくんが聞くので、a「なに屋さんがあるのか調べてみようか」とI先生が提案し、地域の街の地図を作ることにしました。b I先生と子どもたちで、自分たちが日頃生活している街の地図を作りながら、それぞれが知っていることを発言しました。描き込みが増えていくのが目でも確認でき、つぎつぎと発言する姿につながりました。

次に、I先生が用意した商店街の地図にお店を描いていきます。「ここのパン屋さんに行ったことある？」と途中で子どもたちに聞くと、「ある！」。知っているお店もあるようです。❶できた地図を壁に貼ると、何度も眺める子どもたち。お店に行く日を楽しみにする姿が見られます。

いろいろなお店があるね

いよいよ、商店街に行く日になりました。園を出ると❷自転車が走ってきます。「建物の方に寄りましょう」とI先生が注意を促します。子どもたちは、2人ずつ手をつないで歩きますが、いろいろなお店を見ながら、「ぼくここでジュース買ったよ」「わたしはここでお花を買った」「おばあちゃんと一緒に来たことあるよ」…など、みんな口々にc気がついたことを発言しま

"10の姿"の視点で見ると…

社会生活との関わり

★保育者の関わり
買い物ごっこの様子を見て、子どもの興味・関心が向いているときに、体験することが望ましいと考え、実際に商店街に行く提案をしています。

❶ 慣れ親しんでいる街も、地図を作って視覚的に表したことで、改めて多くの店があることに気づいています。

❷ 道を歩くときは周りに注意すること、安全に気をつけることなど、歩き方のマナーを知ることも、社会生活との関わりの重要な要素です。

その他の姿

a 数量・図形／標識・文字
地図作りを通して、実際の道やお店が文字や図として置き換えられることに気づく体験になります。

b 協同性
自分の知っていることや考えと、友達のそれとの違いを楽しみながら、自分たちの住んでいる街を知る、よい機会になっています。

c 思考力の芽生え
自分の今までの経験を思い出し、関連づけながら自分の気づきを再認識していきます。

第3章　事例から考える 保育で育む"10の姿"

した。

買い物にチャレンジ

★「このお店は、なに屋さんかな？」とⅠ先生が立ち止まって、尋ねました。「ケーキ屋さん！」とみんなが元気に答えます。ここは子どもたちもよく利用するお店です。

❸「今日はここで大きなケーキを１つ買って帰ろうと思うのよ」とⅠ先生が説明し、みんなで静かにお店に入りました。お当番のＡちゃんがみんなを代表して「このケーキくださいな」と大きな声で言いました。お店のお姉さんは、にこにこしながら「はい、ケーキですね」と箱に入れてくれました。ケーキを受け取り★お金も払い、おつりも受け取って大事に持って帰ってきました。

さあ　みんなでいただきます！

帰り道は足取りも軽く、園までケーキを持って帰ってきた子どもたち。さっそく手を洗い、食べる準備です。

「さあ、ケーキを切りますよ」とⅠ先生。「まず半分、また半分、また半分、また半分…」と子どもたちの前で切り分け、１切れずつ食べました。「おいしいね。また買い物に行きたいね」「行こうね」という声があちこちからあがりました。食べられたのはほんのひと口でしたが、みんなで買ってきたケーキの味は最高でした。

★保育者の関わり
目的地でしたが、お店に入る前にあえて子どもたちに問いかけることで、気持ちを集中させています。「店内では静かにする」など約束をもう一度確認するにもよいタイミングです。

❸
お店で買い物をするという社会体験です。お金を払い、おつりをもらうやりとりも生活のなかで大切な要素です。またお店のなかでは静かにするなど、状況に応じた振る舞い方も体験しています。

ｄ 自立心
お当番の子は自分の役割を果たそうと、頑張って大きな声を出しています。やり遂げたことで大きな自信にもつながっていきます。

★保育者の関わり
お金を支払い、品物を買う体験は、子どもたちにとって憧れです。子どもにお金を直前に渡し、おつりも受け取れるよう配慮しています。

ｅ 数量・図形／標識・文字
ケーキを２分の１、４分の１、８分の１と切り分けたり、みんなで食べるには何切れ必要かなどを考えたりすることで、自然に数量と関わっています。

お泊まり保育　銭湯に行こう！

事例⑮ 社会生活との関わり　5歳児　7月

これまでの子どもの姿
1学期終了の直前に行われるお泊まり保育に向けて、グループ作りや、食事の材料を相談したり、買い物に行ったりと、子どもたちが主体的に活動する場面が多くなります。お泊まりに少し不安を抱く子もいますが、準備を通して期待が高まってきました。

ねらい
- 初めて経験することに興味や関心をもつ。
- 公共の場でのマナーを知る。
- 限られた時間のなかで入浴・身支度をすることを経験する。

環境作り
- 銭湯までの経路や、銭湯の脱衣所などを下見しておき、他のお客さんへの迷惑が最小限になるよう考えておく。
- 園児が入浴し混雑が予想される日時を、事前にポスターで告知させてもらう。

活動

「銭湯」って知ってる？

a　お泊まり保育に向けて、クラスでいろいろな話し合いを行ってきました。今回は「園にはお風呂がないけれど、どうしたらいいかな？」というテーマです。Kくんが「プールでシャワーを浴びればいい」と提案しました。でもすぐに、Sくんが「お風呂屋さんに行くんでしょ！お兄ちゃんが言ってたもん」と言いました。❶担任のM先生が「そうなのよ。『銭湯』というのだけれど、みんなで『お風呂屋さん』に行きましょう」と発表しました。M先生は続けて「『銭湯』って知ってる？　どんなところだと思う？」と尋ねました。子どもたちは口々に自分の想像する「銭湯」を発表しました。「お風呂が大きい！」「ポコポコ泡が出るお風呂がある」など、❷家族で行った温泉旅行など今までの経験や情報をつないで、想像したりイメージしたりしていましたが、ほとんどの子どもは銭湯には行ったことがない様子でした。

持ち物はどうする？

次は持ち物について、みんなで相談しました。M先生が b「誰か黒板に書いてくれますか？」と声をかけると、何人も手を挙げました。1人に板書を頼み、子どもたちの意見を書き出すと、タオル、着替え、ボディーソープ、シャンプーが挙がったので、翌日ボディーソープとシャンプーを薬局に買いに行くことになりました。★クラス全員では人数が多すぎるので、代表として

"10の姿"の視点で見ると…

社会生活との関わり

❶「銭湯」など園外の施設へ行くことは、公共の場の特徴を知ったり、そこで地域の人と触れ合ったりする貴重な機会になります。

❷今まで経験してきたさまざまな社会生活の記憶を、自分なりに統合したり、考えたりしています。

その他の姿

a　言葉による伝え合い
話し合いを通じて自分なりに考えて発言をしたり、その発言を受けて違う意見を出したりと、言葉でのやりとりを活発に行っています。

b　数量・図形／標識・文字
友達が字を書く姿を見ることで、周りの子も刺激を受けます。読み書きがまだできない子も、このような経験を重ねるうちに、「自分も書きたい」という気持ちが高まります。

★保育者の関わり
大勢の希望者から人数を絞り込まなければならない場合の方法は、いくつかあります。ここでは、今月の誕生児がちょうどよい人数でしたので、お願いしました。子どもたちが納得でき、経験の機会も等しくできるよう配慮しています。

7月生まれの子が行くことになり、その6人は大喜びです。
　翼日、6人はM先生と一緒に出発。**お店に着くと店員さんに場所を聞き、売り場に向かいました。**たくさんの種類があるので迷いましたが、最後は男の子用と女の子用を1本ずつ、じゃんけんで決めて買いました。園に帰って、みんなにも買ってきた物を報告しました。

広い浴槽に興奮！

　いよいよ、お泊まり保育当日になりました。3時に営業が始まる一番湯を目指して、みんなで銭湯まで歩いていきました。銭湯に着くと、★**番台の人や他のお客さんに「こんにちは」と挨拶をして脱衣所に入りました。** **初めて来た子は、裸の人が歩いている光景に少しビックリしたようですが、その場の雰囲気を感じとり、落ち着いて衣服を脱いで入浴の準備をしました。5歳児らしく、脱いだ服を手際よくまとめる姿も多く見られました。**
　子どもたちは初めて見る銭湯の広い浴槽や洗い場に興奮気味でしたが、事前に教えてもらった通りに、まず湯船に入る前に体を洗います。その後みんなで湯船に浸かったり、体を洗ったりして、とても気持ちよさそうでした。**「また来たい」「お父さんお母さんと一緒に来る」**と話す子どもも多く、お泊まり保育のなかでも印象深い体験になりました。

❸ お店の人と触れ合うことでさまざまな職業の人がいることを知り、地域の人にいっそう親しみをもちます。

★**保育者の関わり**
なに事も、まねることが初めの学びです。公共の場では、保育者が積極的に挨拶することが大切です。その姿を見て、「ここでは挨拶をするんだな」と子どもたちも覚えていきます。

❹ その場にいる人たちや環境、雰囲気などから、どんな場所かを感じとり、公共のマナーを守って、ふさわしい振る舞いを身につけていきます。

c 自立心
自分のことは自分でするという自立心の育ちが見られます。

d 言葉による伝え合い
自分の感じた気持ちよさや初めて行った銭湯の魅力を、自分の言葉で家族に伝えることで、言葉での表現力が育ちます。

保育者がすぐに取り組める

社会生活との関わりを育む環境構成＆援助

子どもたちが自分の家族や他の家族、地域の人々と交流できる機会を作りましょう。また園外保育や地域の公共施設などを訪れる体験は、その場にふさわしい行動やマナー、公共のルールを学ぶことにつながります。

キーワード❶ 家族を大切にする

お誕生会

「生まれたときは雪が降っていて…」

環境構成＆援助
保護者に生まれたときのことを話してもらい、子どもが親への感謝の思いをもつ機会を作る。

敬老の日に向けて

保育者の援助
祖父母へ手紙を絵や文字で書き、その存在を意識できるようにしていく。

親子参加の会

環境構成＆援助
家族同士の交流を楽しめるような催しを企画し、他の家族に親しみをもつ。

第3章 事例から考える 保育で育む "10の姿"

キーワード❷
地域の人と触れ合い、地域に親しみをもつ

街探検

環境構成&援助
近所の商店街で買い物をして、お店の人が働く姿を見たり話したりできるようにする。

地域交流

環境構成&援助
和太鼓や折り紙など地域の達人を園に招き、技を見せてもらったり、教えてもらったりする。

キーワード❸
自分が役に立つ喜びを感じる

当番活動

環境構成&援助
当番活動を認める言葉かけをし、みんなの役に立つ喜びを感じられる場を作る。

異年齢保育で散歩

環境構成&援助
小さい子の面倒を見られるような機会を作っていく。

キーワード❹
公共の施設を大切に利用し、社会とのつながりを意識する

博物館の見学

保育者の援助
事前に施設での見学マナーについて話し合い、場に合った振る舞いができるようにする。

公園

保育者の援助
トイレや水飲み場、ごみの持ち帰りなど公共の場でのルールを伝え、守れるようにする。

事例⑯ 思考力の芽生え

3歳児 6月

帰りの会で

これまでの子どもの姿
園生活の仕方や流れがわかるようになり、生活のリズムも整ってきました。おもちゃの片づけや身の回りのことを自分でしようとする姿も見られています。好きな遊びをしたり、友達や保育者と一緒に遊ぶことを楽しみにしています。友達のしていることに興味をもって見たり、まねしたりする姿も見られます。

ねらい
- 帰りの会の流れの見通しをもち、身支度や椅子の準備など、自分で考えて取り組もうとする。
- 保育者や友達に、自分の考えや思いを自分なりの方法で伝え、みんなで考えようとする。

環境作り
- 自分で考えて椅子を並べられるように、椅子を置く場所を色のついたテープで示しておく。
- 話が聞きやすく、友達の顔が見やすい形に椅子を並べ、一人ひとりが自分の考えを表現できる時間や雰囲気を作る。

活動

1番になりたくて

1日の活動の最後には、担任のK先生の「片づけですよ」という声で、子どもたちは遊びに区切りをつけ、片づけを始めます。まだ片づけられずにいる子もいるなか、❶AくんはK先生の声を聞いた瞬間に、乗っていた三輪車を車庫に置いて、一目散に部屋に戻ります。ａトイレを済ませ、手洗いとうがいを終えると身支度を整えて、帰りの会をする場所の椅子に座ります。「先生、ぼく1番。すごいでしょう」と得意顔です。

「Cちゃんの隣がいいの」

なかなか遊びに区切りをつけられず、最後に保育室に入って来たのはBちゃんです。★K先生に促されながら、やっと身支度を終えて座ろうとしたときには、ほとんどの子がもう椅子を並べて座っていました。
Bちゃんはその様子を見て「Cちゃんの隣がいいの」と言って、Cちゃんの隣に座っているDちゃんを押しのけて座ろうとしました。Dちゃんも「Dちゃんが座っているの」と押し返し、2人とも泣きだしてしまいました。

困ったときはみんなで考えよう

K先生はみんなに状況を説明して★「困ったわね、どうしたらいいかしら」とみんなに投げかけました。

"10の姿"の視点で見ると…

思考力の芽生え / **その他の姿**

❶ 1番になりたいという気持ちから、次になにをすべきかを瞬時に考え、行動に移しています。考える力が育ち、先の見通しがもてるようになってきています。

ａ 自立心
基本的な生活習慣が身につき、最後までやり遂げています。その達成感を味わうことは、自信につながっていきます。

★保育者の関わり
だいぶ生活習慣が身についてきたものの、個人差が大きい時期です。集まるまでに時間がかかるので、支度の遅い子への対応をしながらも、他の子どもを待たせすぎないように配慮します。

★保育者の関わり
クラスで起きた「困ったこと」を、自分のこととして受け止められるように全体に投げかけました。また友達の思いや考えにも触れることで、よい・悪いの判断をしたり解決したりできるように、考え合う場を設けています。

すると周りの子どもたちが❷「Bちゃん、だめだよ。Dちゃんが座ってるんだから」「そうだよ、空いてるところに座るんだよ」「こっち空いてるよ」と促します。それでもBちゃんは「やだ、Cちゃんの隣がいいの」とますます大泣きです。

すると、泣きやんだDちゃんが❸ b 「いいよ！ 替わってあげる」と席を譲ってくれました。 c 泣いていたBちゃんは、少し恥ずかしそうな様子でしたが、Dちゃんに「ありがとう」とお礼を言って、泣きやんで座ることができました。★K先生は席を譲ってくれたDちゃんに「Dちゃん優しいね。みんなも一緒に考えてくれてありがとう」と声をかけました。

うれしい気持ち

d その様子を見て、クラスのみんなもひと安心。なんだかうれしそうです。K先生が「よかったわね。みんなの顔がニッコニコでうれしいな」と声をかけ、和やかな雰囲気で楽しく手遊びをしました。

そして帰りの会で今日1日を振り返り、明日もたくさん遊びましょうねと話し、さよならをしました。

❷ 子どもたちそれぞれが、実際の状況や保育者の説明、友達の考えを材料として、自ら考えて意見を述べています。こうした活動が、物事を考えたり判断したりする基盤となります。

❸ 友達の困っている姿を見たり、やりとりを聞いたりして、自分が替わってあげようと判断しています。

b c 道徳性・規範意識
自分の思いを通そうとしたことで相手が泣いてしまう経験は、相手の気持ちに気づく機会になります。また、成長と共に少しずつ自分の気持ちを調整し、折り合いをつけられるようになります。

★保育者の関わり
友達に譲ったことや、みんなで考えたことを大いに認めることで、自分たちで解決できた満足感を味わえるようにし、自信につなげていきます。

d 協同性
みんなで友達の思いを受け止め、共有し合い、解決するために、心を寄せたり考えたりして、認め合う関係性が生まれつつあります。

事例⑰ 思考力の芽生え　4歳児 10月

自動販売機を作ろう

これまでの子どもの姿
運動会で行った競技やおにごっこ、ゲームなどを通して体を動かす遊びを楽しむなど、運動会以降、ぐっと仲間意識が深まり、友達と一緒に遊びを工夫している姿が見られます。友達からの刺激を受け、イメージを共有したり相談したりして、遊びを進める姿が見られるようになってきました。

ねらい
- イメージしたことを実現できるように、自分なりに予想したり、考えたり、工夫したりしながら取り組む。
- 自分の考えを言ったり相手の考えを聞いたりしながら、互いに知恵を出し合って物の仕組みや作り方について考え合う。

環境作り
- 廃材や材料を豊富に用意しておき、子どもが自ら必要な物を考えて選べるようにしておく。
- 物の性質や材料の特徴などがわかり、適切な物を選び出せるよう分類しておく。

活動

ジュース作りが大人気

Aくんが、小さいサイズのペットボトルを大量に持ってきてくれたことがきっかけで、ジュース作りが始まりました。❶子どもたちは、水を入れたペットボトルにカラフルなお花紙を入れて溶かし、ⓐ「ほら、いちごジュースできたよ！」「わたしはぶどうジュース」などと口々に言いながら、いろいろなジュースを作ったり混ぜたりしています。

自動販売機を作ろう

その後、以前取り組んで作りかけだった段ボールの自動販売機を持ってきて「これさ、ジュースが落ちて出てくるのにしようよ」「うん、いいね」と数人が集まって考え始めました。❷「どうやったら落ちてくるの？」「上から落とせばいいんじゃない？」「ボタンを押すと同じ物が出てくるよね」と本物の自動販売機をイメージしながら相談しています。その結果、自動販売機の後ろに立った子が、注文されたジュースを落とすという仕組みで自動販売機作りが進んでいきました。

うまくいかないところが出てくると、ⓑ「先生、いちごのジュースはいちご、りんごのジュースはりんごの場所から出てくるようにしたいんだけど、どうすればいいの？」と❸担任のB先生に相談しました。

★B先生が子どもたちのイメージを詳しく聞きながら話し合いを仲介した結果、段ボールの箱のなかを牛乳パックで区切るこ

"10の姿"の視点で見ると…

思考力の芽生え / **その他の姿**

❶ お花紙が水に溶けることに気づき、どんな色になるかや、色を混ぜたらどうなるかを、考えたり予想したりして試しながら、遊びを工夫しています。

ⓐ 豊かな感性と表現
色水をジュースに見立ててイメージを膨らませながら、それぞれの表現を楽しんでいます。

❷ 自動販売機みたいにジュースが出てくるようにするためには、どうしたらよいかを友達と考えながら、よりよい方法を見つけ出そうとしています。

ⓑ 自立心
友達と考え合ったり、保育者の助けを借りたりしながら、自動販売機作りにあきらめずに最後まで取り組み、やり遂げようとしています。

❸ 保育者や周りの人の知恵を借りることも、思考への手がかりとして大切なことです。

★保育者の関わり
どんなイメージなのか、子どもの思いを十分に聞いたりくみ取ったりしながら、子どもの実現させたい形に近づけるようにアイデアを出したり、必要な部分は手伝ったりして支援しています。

とになりました。それが完成すると、「いいねー、同じところからちゃんと出てくるよ」とみんな満足そうです。

もっと本物みたいにするには？

その様子を見ていた子どもたちが集まって来て「でも、お金を入れるところがないね」「押すボタンもないね」「ジュースが出てきたのに、どこかに転がっていっちゃうよ」など指摘してくれました。

「じゃあ、わたしがお金を入れるところを作るね」「ボタンはこれをつけるといいんじゃない？」「わたしはお金を作ろうっと」と思い思いに必要な物を考えて作り始めました。

完成した後は、小さい子にも披露

できあがると、B先生が「すごいわねえ！ 本物の自動販売機みたいね」と声をかけました。すると何人かが「小さい子にも見せてあげよう！」と張り切って知らせに行きました。

そしてやって来た小さい子たちに「自動販売機ですよ。ジュースはいりませんか」と声をかけ、お金を配ったり、ジュースを落としたりしながら、役割を分担して大忙しで動いていました。

❹ より本物に近づけたいという思いから、足りない物を見つけたり、自動販売機に対する知識や知恵を出し合い、完成イメージを共有しています。

c 協同性
互いの思いや考えを共有し、共通の目的をもち、実現に向けて役割分担したり協力したりして工夫を重ね、充実感を味わっています。

★保育者の関わり
完成させた喜びに共感しながら、考えたり工夫したりしたことを認める言葉を伝えています。そうすることによって、子どもたちに満足感や達成感が生まれ、それが自信につながり、より意欲が高まります。

❺ お客さんが買いに来てくれたことにより、必要な役割が出てくることを判断し、自ら役割を見つけて主体的に関わり、遊びをおもしろくする工夫をしています。

d 社会生活との関わり
工夫して完成させた、本物のような自動販売機の楽しさを、小さい子たちにも味わわせてあげたいという思いで、遊びを広げています。

組み体操を成功させるには？

事例⑱ 思考力の芽生え　5歳児 9月

これまでの子どもの姿
運動会が近づき、組み体操のメンバーの組み合わせや、うまくいく方法をクラスみんなで考えて取り組んでいます。経験を重ねることで、自信がついてきました。

ねらい
- 組み体操でどんな形ができるのかを考えたり、相談したり、工夫したりして取り組む。
- 自分の考えを伝えたり、相談したりしながら、お互いに考えを深め合い、共通の目標に向かって力を合わせて取り組む。

環境作り
- 子どもたちが試行錯誤しながら主体的に取り組めるように、安全を確保する、たっぷりと時間をとるなどの配慮をする。
- できるようになったことを発表し合う場を設け、友達のよいところに気づいたり、認め合ったりしながら、みんなでよりよい方法を考え、意欲的に取り組めるようにする。

活動

「忍者修行」で運動遊び

★「忍者修行」と称し、忍者になって行う運動遊びに、1学期から取り組んできました。子どもたちはこの活動が a 大好きで、さまざまな技に挑戦して遊んでいます。なかには組み体操の技もあります。小さい頃から5歳児の組み体操を見てきて憧れている子どもたちは、より意欲的に挑戦し、楽しんでいる姿が見られました。

組み体操のメンバーを考えよう

いよいよ、運動会に向けて組み体操のグループを決めることになりました。b「ねえ、スカイツリーやってみよう」「わたし、上に乗る人がいいな」「じゃあ、わたしは下でいいよ」と自分のやってみたいポジションを決めて挑戦しています。

仲よし同士で組んでいるので身長差も体重差もあって、なかなか成功しません。担任のR先生が★「重い人が上だと大変？」と尋ねると、❶「体重を比べてみよう」と身長と体重が出席帳に書いてあることを思い出し、お互いの体重を比べっこしました。

1番重い人が下、2番目が真ん中、3番目が上で挑戦してみると、今度はうまくいったので、R先生に見せに行きました。その後、身長や体重を考えながら挑戦しているとAくんから「おれだって上に乗りたいのに、体が大きいからって下ばっかりじゃ嫌だよ」との声が上がりました。c「おれは大きくないけど、力があるから1番下でもいいよ」とNくんが言ってくれ

"10の姿"の視点で見ると…

思考力の芽生え

★**保育者の関わり**
運動遊びに苦手意識をもつ子も、忍者になって修行をするという遊びから入ることで、抵抗なく取り組めます。

★**保育者の関わり**
なぜうまくできないかを考えるきっかけになるよう、声をかけています。さまざまなことを考えようとしたり、試したり工夫したりする姿が見られるようになります。

❶ 保育者の投げかけに反応し、考えて、どこに身長・体重が書かれているかを思い出して確認する、重い人が下になるという関係性を理解して行動するなど、的確に物事を捉え、判断できるようになってきています。

その他の姿

a 健康な心と体
さまざまな運動遊びに興味をもち、多様な動きを経験して、体をコントロールしながら取り組む楽しさと達成感を味わっています。

b 協同性
お互いの思いや考えを共有しながら実現に向けて考えたり、工夫したり、協力し合って充実感を感じながら取り組んでいます。

c 道徳性・規範意識
友達の気持ちに共感したり相手の立場に立って考えたり、手を貸したりして行動できるようになっています。

第3章 事例から考える 保育で育む"10の姿"

たので、Aくんは上に乗ることができました。

やがて、みんなの様子を見ていたYちゃんが「Bちゃんは上に乗ってバランスを取るのが上手だね」など、体の大きさや重さだけでなく、❷<u>一人ひとりに得意・不得意があることに気がつきました。そこでみんなは、体格に加えて個人の特性も加味し、メンバーやポジションを替えたりして、どんなメンバーの組み合わせがよいかを考え、うまくいく4人組を決めました。</u>

メンバーが決まって発表会ごっこに

メンバーが決まった後は、張り切って<u>自主的に練習している姿が見られました。</u>d みんな上手になった組み体操の技を見せようと、★<u>R先生が提案した発表会ごっこをすることにしました。</u>

「Iちゃんの手のあげ方がいいね」「下の人はひじを曲げない方が踏ん張れるね」など、それぞれの技を見せ合いながらよいところを認め合い、ますます組み体操に対する気持ちが高まっていきました。

ときには、失敗してしまうグループもありましたが、❸<u>そのつど、みんなで分析したり考えたりしながら、e「背中が丸まっているから登りにくいんじゃない？」「顔を上げればいいんだよ」「体をもっと近づけて」</u>など、自分の気づいたことを伝えたり、言われたことを実際に再現したりして取り組みました。うまくいくと、「やったー！ できた！」と自分のことのように喜び合い、みんなの気持ちが「運動会で組み体操を成功させるぞ！」という1つの目標に向かっていきました。

❷ 自分のことだけでなく、友達の特徴にも気づいたことで、検討の幅が広がっています。みんなで考えたり実際にやってみたりしながら、新しい方法や考えを生み出し、よい方法を導きだせるようになっていきます。

d 自立心
運動会で組み体操を成功させたいという共通の目的意識をもって、進んで練習するなど、自立心の育ちとそれによる充足感が表れています。

★保育者の関わり
できるようになったことを発表する場を設けることで、お互いのよいところを吸収したり認めたりしあう場としています。認められたことによって自信をもって取り組めるようになり、クラス全体の意識も高まっていきます。

❸ 見て、確かめて、考え合うことが次第にできるようになってきています。友達から教えてもらいながら、体の状態やどこに力を入れればよいかなどを考え、体得していくなかで、一緒に作り上げていく喜びや達成感を得て、ますます意欲的になっていきます。

e 言葉による伝え合い
どうすれば安定できるのか、考えたことを言葉で表しながら、応援しています。

健康な心と体 / 自立心 / 協同性 / 道徳性・規範意識 / 社会生活との関わり / 思考力の芽生え / 自然・生命尊重 / 数量・図形／標識・文字 / 言葉による伝え合い / 豊かな感性と表現

保育者がすぐに取り組める
思考力の芽生えを育む
環境構成＆援助

思考力を育てるためには、さまざまな体験ができる環境を設定すると共に、「なぜだろう」「どうなるかな？」と子どもが思いを巡らすことができるように保育者が"よい問いかけ"を発信していくことも重要です。

キーワード ❶
物の性質や仕組みを感じ取り、気づけるようにする

分解遊び

環境構成＆援助
時計はなぜ動くかなど、物を分解してみて見えないところにも仕組みがあることに気づける機会をもつ。

色水遊び

環境構成
花の種類によって色が出る、出ないを試せるように、いろいろな道具を用意する。

描画表現

環境構成
絵の具、クレヨン、ペンなどを用意することで、絵を描くなかで画材の特性に気づけるようにする。

第3章 事例から考える 保育で育む"10の姿"

キーワード❷
予想したり工夫したりして多様な関わりを楽しむ

砂場遊び

環境構成
どうすれば水が流れるかを考えたり、工夫したりできるように、雨どいなどを用意しておく。

ゲーム盤作り

環境構成&援助
作りたい物を考えていけるよう、設計図などを描いて見えるようにしながら整理する。

キーワード❸
友達との触れ合いで自分と異なる考えに気づく

おに決め

保育者の援助
じゃんけん、くじ引き、話し合いなどいろいろな方法があることに気づけるようにする。

切り絵遊び

環境構成&援助
友達のアイデアに気がつき刺激になるよう、隣同士や向かい合わせなど座る位置を工夫する。

迷路作り

環境構成
必要な物を組み合わせながら、友達の意見に気づいたり、自分の考えを伝えたりする場をもつ。

事例⑲
自然との関わり・生命尊重

3歳児 6月

蚕が教えてくれたこと

これまでの子どもの姿
新年度から2か月が過ぎ、園や保育者にも慣れ自己発揮をするようになった子どもたち。いろいろな物に興味をもち、関わるようになってきました。行動範囲も広がり、園内のあちらこちらで遊んでいます。

ねらい
- 虫や自然への興味・関心を膨らませる。
- 蚕をクラスで育てることで、生き物を観察し、生命の不思議さを感じる。

環境作り
- 地域の養蚕の文化や養蚕農家などの環境を活用し、保育に生かす。
- 蚕を育てる文化について知らせたり、餌となる桑の木を園庭に植えるなど、子どもたちが飼育できる環境を整える。

活動

蚕への興味・関心が膨らんで

保育室で蚕を飼い始めた3歳児の子どもたち。毎日、担任のN先生と一緒に、蚕の体の大きさとふんの大きさを計り、成長を記録しています。ある日、蚕の飼育箱をのぞいたAくんが「先生見て！ 蚕、落ちないよ！」と蚕が葉を食べ尽くしてほぼ葉脈だけになっている桑の葉を持ち上げながら言いました。そこには、ピタッと葉脈に密集して張りつき、ぶら下がっている蚕が20匹ほど…。「蚕さん、葉っぱの筋は食べないんだね！」とN先生が言うと、ⓐ「ここはきっとおいしくないんじゃない？」とBくんが答えました。

続けて❶Aくんは、葉脈につかまっている蚕を不思議そうに見ながら、その葉脈だけの葉っぱを左右にユラユラ揺らしたり、2本の指をねじり合わせながらクルクルッと回したり…。それでも落下することなく張りつく大量の蚕を見て、今度は蚕を指で1匹、葉っぱからそっとはがしてみました。

「どうしてくっつくんだろうね」とN先生が、Aくんが持っていた葉っぱをまた持ち上げると、❷周りの子どもたちもくっついている蚕をジッと見つめます。「先生！ 見て！ 蚕が指にもくっついた！」Aくんが、葉からはがした蚕を指の上に載せたまま、その指をクルンと裏返してそう言いました。確かに、蚕は逆さまでも落ちません。「本当だ！ 落ちない！ 何でかな？」周りにいた子どもたちも同じことを試します。

ⓑ子どもたちが、蚕を葉っぱからはがしてつまみ上げることを繰り返していると、❸「あ！ 足の裏だ！」視点を変えて反対か

"10の姿"の視点で見ると…

自然・生命尊重 | **その他の姿**

★**保育者の関わり**
一緒に桑の葉を替えたり、ふんの掃除をしたり、成長の記録をとったりすることで、子どもたちが蚕の細部まで興味がもてるような環境作りをしています。

★**保育者の関わり**
3歳児にわかりやすい言葉で興味・関心を引き出します。

❶ 蚕という自然物に触れ、好奇心や探究心をもって考え、動作などで表現しながら、身近な事象への関心を高めています。

ⓐ 言葉による伝え合い
自分の知っていることから理由を考え、言葉にして伝えています。

❷ Aくんはもちろん、周りの子どもたちも身近な小さな命と向き合い、五感を使って学んでいます。

ⓑ 思考力の芽生え
蚕に触れることで、対象物にくっつく性質や体の仕組みなどを感じ取ったり、考えたり、推測したりしています。科学する心の芽生えです。

ら蚕を見ていたBくんが、蚕の足の裏が吸盤のように指に吸いついていることを見つけ、蚕が葉っぱから落ちない原理に気がついたようです。その言葉を聞いて、周りの子どもたちも蚕をつまんで足の裏を観察。「ほんとだ！ 足だけでくっつく！」「まだ小さいのにすごいね蚕さん！」子どもたちは、蚕の足を何度も触って、自分の手に蚕の足がピタッと吸いつく感覚を確かめていました。

❸❹ 蚕を見ているうちに、新しい発見があり、実際に触って感じることで、さらに好奇心が芽生えていきます。

脱皮ってなに？

次の日の朝、子どもたちが登園すると、蚕が脱皮し、ぺちゃんこの皮がいくつかありました。初めて見たCくんが、「…これ、なに？」とツンツン触って、「…動かないね。蚕さん死んじゃったのかな？」とつぶやきました。

N先生が「死んじゃったと思うの？」とそれを受け止めると、「だってさ、ぼくがちっちゃかった頃さ、虫を強くギューッて触ったら、苦しくてペチャッてつぶれて、死んじゃったんだよ」と話しました。★「それは悲しかったね。でも、よく見て！これ、もしかして蚕のお洋服じゃないかな？！」。

そう言って、❺N先生が蚕の皮を取り出し、子どもたちに近づけると、みんなはキョトンとして見つめていました。「蚕の服？」と、まだ脱皮の意味がわからないようです。そこでN先生が「みんなが今、赤ちゃんのときの服を着たらどうなる？」と質問をすると、「そんなの、もうきつくて着られないよ!!」と子どもたちが言いました。「そうだね。蚕さんも、葉っぱをたくさん食べて大きくなると、今着ているお洋服がきつくなって脱ぎたくなるんじゃないかな。そのちっちゃくなったお洋服が、この皮なんだよ！」「あー、そういうことか！」と、子どもたちなりに脱皮の意味を納得した様子。「蚕のお洋服、シワシワだね」「ほんとだ！ 洋服シワシワだね！」と観察の続きを楽しんだのでした。

★保育者の関わり
子どもの経験から出てきた推測に共感しながら、新たな知識を子どもが理解できる表現で知らせています。

c 言葉による伝え合い
自分が経験したこと、感じたことを、言葉で人に伝えることが少しずつできるようになっています。

❺ 親しんでいる自然物の新たな一面を目のあたりにし、心を動かされています。こういった経験が、生命の不思議さや尊さに気づいたり、接し方を考えたり、命ある物として大切にする気持ちをもって関わったりする姿につながっていきます。

d 数量・図形／標識・文字
人や生物は、成長するにしたがって体が大きくなっていくことや、体と服の大きさの関係性に気づいています。

事例⑳
自然との関わり・生命尊重
4歳児 2月

寒い朝の贈り物

これまでの子どもの姿
発表会など年度末の行事に向けて、活動に意欲的に参加する姿が見られるようになりました。また、外遊びでは集団遊びに夢中になるなど、クラスのまとまりを感じられる姿が増えています。

ねらい
- 冬の自然現象に気づき、園庭にできた氷や霜柱を探して不思議さを感じる。
- 氷を触ったり、飾ったり、見立てたり、形や厚さの違いを楽しんだりして特性を知る。
- 水が冷凍庫以外のどんなところで凍るのか、どんな氷ができるのか、推測したり試したりする。

環境作り
- 子ども同士が互いに見つけてきた氷を飾るなど、情報やイメージを刺激し合える場を用意する。
- 氷を作る容器や、水の中に入れる素材を用意しておく。
- 氷の変化を時間の経過と共に楽しめて、繰り返し試せるような時間を確保する。

活動

氷に興味がわいて

冬の寒い朝、登園バスから降りてきた子どもたちが、担任のI先生に「先生、お家の玄関のところに氷があったよ！」「バスに乗るところに小さいスケート場ができてたよ！」と発見と喜びを伝えます。「ねえ、園のお庭にも氷あるかしら？」とI先生が尋ねると、「あるよ！」❶「氷探険隊しよう！」とすぐさま園庭の氷探しが始まりました。でも、10時頃になると氷は溶けて水の跡だけが残って…。すると「先生！ 氷作ろう！」と声を上げる子が現れました。「おもしろそうだね、試してみよう！」小さな研究の始まりです。

まるで氷の美術館みたい！

翌朝も、❷地面の薄い氷の上を滑ったり、割ったりして子どもたちは大喜びです。その後、「昨日隠したの、どうなったかな」「見てみよう」と走って向かったのは、大きなけやきの木の下にあるおもちゃをしまう道具箱の裏。前日に、ここに水を入れたさまざまな容器を置き、氷を作っていたのです。
ⓐ「見て！ お弁当箱の氷」「魚もできてる」「冷たい！」「固くなってる」「こっちのは薄くてガラスみたいだよ」と数人の子どもたちが、手を真っ赤にしながら縁側のそばのテーブルに氷を持ってきては❸見比べたり、口々に違いを言ったりしています。
I先生は、★スチール製のブックスタンドをテーブルに置いて、できた氷をそこに立てかけました。それから子どもたちの

"10の姿"の視点で見ると…

自然・生命尊重 / **その他の姿**

❶ 身の回りにある自然について興味を抱き、どうなっているかを知りたいという思いを強めています。氷探しから始まり、氷ができる規則性・法則性を見つけようとするなど科学の視点へとつながっていきます。

❷ 冬にはこの季節にしか楽しめない、さまざまな自然現象があります。自然が織りなす現象の不思議さやいろいろな変化に驚き、刺激を受けています。

ⓐ **言葉による伝え合い**
語彙数が急増し、目の前に現れた自然現象や、自分の気持ち、考えなどを言葉で伝えるようになっています。

★保育者の関わり
子どもの次なる発見への意欲を引き出せるよう、ブックスタンドを利用して氷を立てかけ、透き通っていることが見えるように環境を整えています。

第3章 事例から考える 保育で育む"10の姿"

話を聞いたり、一緒に驚いたり、発見を喜んだりしています。
　「<u>こっちのバケツの氷は厚いのに、こっちのバケツの氷は真ん中がへこんでるの、どうしてだろう？</u>」とHちゃんが問いかけたことをきっかけに、「だってね！」「あのね！」と議論が始まりました。
　「ここは、氷美術館です！」とOくん。いろいろな氷があることに気づいたようです。「紹介をお願いします」I先生が答えると、「これは、お弁当氷」「これは魚氷」と紹介を始めました。「これはグルッと回ると変わる氷です」「えっ？　どういうこと？」「<u>こうすると、笑う氷、グルッと回すとサンタさん氷！</u>」「そっか、向きによって見え方が変わるんだね。おもしろいね！　どこで作ったの？」「お庭だよ！」「冷凍庫じゃないの？」「違うよ、お庭だよ！　寒いところに置くと、次の日には氷になるんだよ」「へーそうなの、不思議だね」。
　今度はSちゃんが「先生、これドーナツ氷」と見せた氷は、なかに葉っぱが入って模様になっていました。「ペンダントにして！」とI先生に言うと、麻ひもを通してSちゃんの首に通してくれました。「すてきだね」「いいな〜」との友達の言葉にSちゃんは、「うん、でも溶けちゃうよ」と残念がりながらも、「先生、写真撮って！」とうれしそうにポーズをとりました。

みんなもやってみようよ

　朝の会では、I先生が氷をテーマにした絵本を読みました。その後、「今日の朝、OくんやSちゃん、Hちゃんたちの美術館…」と話し始めると、「知ってる、氷でしょ！」「ペンダントも作ったんでしょ！」と他の子どもたちが答えました。「よく知ってるね。氷作り、★みんなもやってみようよ」とI先生が誘うと、「やりたい、やりたい！」と、容器を持ち出して園庭にかけだし、思い思いの氷作りに挑戦し始めました。

❸ 置く場所を工夫して作った氷の厚さや形を、友達の物と比べて、違いを発見しています。氷の大小や、固い、冷たい、ツルツル、透き通るなど、氷の性質に気づき、言葉で友達と伝え合っています。

b 思考力の芽生え
氷の厚さと寒さの関係や、場所や時間との関係などについて、なぜだろう？　どうしてだろう？　とさまざまに思考し、物事の仕組みについて関心を膨らませ「科学する芽」を養っています。

c 豊かな感性と表現
氷から目や口、ひげを見つけ、向きが変わると違う見え方をすることを感じ取っています。心を動かす出来事に出会い、自分が感じたことを自分なりに表現しようとしています。

★保育者の関わり
冬ならではの自然現象である氷を使った遊びでは、子どもが主体的に「おもしろそう！」「やってみたい！」と関わることが「探究」の始まりです。そのきっかけを保育者が作ることで、子どもの探究心につなげています。

事例㉑ 自然との関わり・生命尊重

5歳児 11月

どんぐりを食べてみたい！

これまでの子どもの姿
10月の運動会を終えて友達関係も深まり、遊びに集中したり工夫したりする姿が増えてきました。園庭には、落ち葉や木の実、特にクヌギの実が落ちていて、さまざまな遊びの素材として活用しています。

ねらい
- 慣れ親しんだ身近な素材、どんぐりに興味をもち、今までのように拾い集めて遊ぶだけでなく、科学の目を取り入れた、異なる遊び方を考える。

環境作り
- 子どもの興味をさまざまな方向に広げられるよう、図鑑や道具を準備する。
- 保護者や他の職員などから、幅広い援助や知識を得られるようにクラス便りや掲示などで子どもの興味を共有する。

活動

どんぐりって食べられるの⁉

ある日、5歳児たちが園庭に落ちていた実を集めてお料理ごっこをしていました。たくさん落ちていたどんぐりを拾い、硬い殻を割って、中の実を細かくして混ぜていました。割っているうちに❶「なんかおいしそう…」という話になりました。

担任のN先生にそれを伝えると★「食べられるどんぐりはあるけど、クヌギのどんぐりはどうかな？ どんぐり図鑑が職員室にあるよ」と教えてくれました。

図鑑を調べると、クヌギのどんぐりも食べられると書いてありました。「え？ 食べられるの⁉」とみんな驚きました。「食べてみたいね」と顔を見合わせます。そこでお当番のYちゃんが、a 職員室に行き、クラスで集めたどんぐりと図鑑を見せて「どんぐりを食べたいと思っています。見つけたら、わたしたちにください」と先生たちに伝えました。

いよいよどんぐりクッキングの始まり…

次の日、Mちゃんが❷b「お家で調べたんだけど、水に入れて沈んだどんぐりは、新しいから食べられるんだって！」と教えてくれました。さっそく、クラスで試してみると…「全部沈んでいる！」とみんな大喜びです。そこで、そのどんぐりを煮て、食べることにしました。クヌギのどんぐりはアクが強いため、水を替えながら4時間ぐらい煮ないと食べられないという

"10の姿"の視点で見ると…

自然・生命尊重 / **その他の姿**

❶ 子どもにとって、園庭に落ちているどんぐりは、身近な自然物。木の実なので食べられるのではないかという考えが生まれたことから、今までとは違った視点でどんぐりへの興味がわいています。

★保育者の関わり
疑問があったとき、保育者や大人に聞くだけでなく、本や図鑑を読むなど、調べる方法がいろいろあることを伝えています。

a 協同性
どんぐりを食べたいというイメージをみんなで共有し、そのためにはどうしたらよいかを考えての行動です。自分たちの気持ちを伝え、たくさんのどんぐりを集めようとしています。

❷ 興味に基づいて、自分なりにさらに調べ、自然物との関わりを深めています。

b 言葉による伝え合い
自分の調べたことを友達と共有するために、言葉にして伝えようとしています。

ことが <u>園にあった本で調べてわかったので、煮る作業を事務</u>
<u>の先生にお願いすることにしました。</u>

　煮終わったという知らせを受け、みんなで職員室へ。<u>クヌ</u>
<u>ギのどんぐりは、殻を取ったばかりのときは黄色くておいしそ</u>
<u>うな色だったけれど、煮た後の汁の色は茶色に変化していて、</u>
<u>子どもたちも少しびっくりしているようでした。</u>お部屋に帰
り、3回アク抜きをした汁についてみんなで話しました。

　子どもたちが1回目から3回目のアク抜きの汁がどう違うのか
に興味をもったので、比べてみることになりました。まず匂い
を嗅いでみると、少しずつきつい匂いから香ばしい匂いに変化
していることがわかりました。続いて色を見てみると、ほんの
少しではあるものの薄くなってることがわかりました。<u>み</u>
<u>んな次から次へと気づいたことを言ったり、友達の気づいたこ</u>
<u>とに対して「自分も感じたい！」と見たり嗅いだりと、五感を</u>
<u>使って変化を確かめていました。</u>

ついにやってきた！　試食タイム

　待ちに待ったどんぐりの試食。まずはみんなで匂いを嗅いで
みると…「お、いい匂い！」。期待を込めて食べることにしまし
た。今まで、どんぐりを食べる日を楽しみにしていたので、み
んなの期待度はマックスに。
　★「せーの！」と一斉に口に入れます。「……にがーーーーー
い！」27人の子どもたち全員が沈黙しています。みんなが感じ
たことが、あれほど同じになるのは、後にも先にもないだろう
とN先生は思いました。

---

c 社会生活との関わり
図鑑や本で調べることで、必要な情報を得て、理解しています。また、事務の先生など、園で働く担任以外の先生にも関わりを広げています。

★保育者の関わり
単純にどんぐりを煮てどんぐりそのものの変化を調べるだけでなく、匂いや煮汁の色の変化などにも興味を向けられるように言葉かけをします。

❸ 自然物に触れながらの実体験を通して体感すること、五感を使うことは、体全体を刺激して記憶に残ります。

d 思考力の芽生え
色の変化、匂いの変化に気づき、友達と共感することで、さらに思考することを楽しんでいます。

★保育者の関わり
試みがうまくいかなかったり、予想と違っていたりするときも、子どもたちが、行動した過程を十分に楽しみ、満足した姿を共有しています。

保育者がすぐに取り組める

自然との関わり・生命尊重を育む環境構成＆援助

生活のなかで、身近な自然や季節を感じられる機会はたくさんあります。
そのときどきの季節を楽しむ活動や声かけをしていきましょう。
小動物の飼育や植物の栽培は、生命の尊さを肌で感じる経験になります。

キーワード❶ 自然の変化を感じ取る

上着を着る

保育者の援助
「寒いから上着を着て外に出よう」といった声かけなどを通して、寒暖の変化に気づき、生活に取り入れられるようにする。

影遊び

保育者の援助
季節や時間によって影の形が変わるなど、変化を発見できる声かけをする。

園庭の四季

保育者の援助
花が咲いた、葉が色づいた、虫がいるなど、園庭の四季に気づく声かけをする。

第3章 事例から考える 保育で育む "10の姿"

キーワード ❷
自然への愛情や畏敬の念をもつ

いも掘り

環境構成＆援助
植えつけや収穫などを体験する活動を取り入れ、自然への感謝ができるようにする。

台風の後に

保育者の援助
自然災害などの話をしたり、自然のこわさや身を守る方法などを知らせたりする。

キーワード ❸
生命の不思議さや尊さに気づく

アゲハチョウの観察

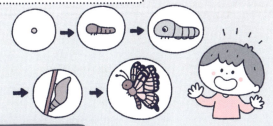

環境構成＆援助
チョウの卵を飼育し、幼虫→さなぎ→成虫になっていく様子を観察する。

ウサギの飼育

環境構成＆援助
子どもが世話をできるような小動物を飼い、その生態や誕生、死についても知らせる。

キーワード ❹
身近な動植物を大切にする

カブトムシの飼育

環境構成＆援助
餌やりや水分補給など、世話の仕方をイラストつきで、飼育箱の近くに掲示する。

球根植え

環境構成＆援助
球根を植える、水やりをするなどの世話を通して、成長や変化を観察できるようにする。

事例㉒ 数量や図形、標識や文字などへの関心・感覚

3歳児　9月

積み木と背比べ

これまでの子どもの姿
夏休みに経験したことを自分なりの言葉で友達に伝える姿が出始めました。決まった友達と遊ぶことも多くなり、行動範囲も広がっています。自分でできることも増え、友達の様子も気になるようになってきています。

ねらい
- 積み木で遊びながら、友達と高さの違いを楽しむ。
- 好きな遊びを通して、図形や数量（多い・少ない、高い・低いなど）の感覚を養う。

環境作り
- 夏休み明けに園生活のリズムを取り戻すため、1学期に楽しんでいた遊具ですぐ遊びだせるように用意する。
- 遊びが広がるよう、十分な量の積み木をそろえておく。
- 積み木は〇△□の形で分類するなど、視覚的に片づけやすいように配慮する。

活動

友達の積み木遊びに刺激を受けて…

夏休み明けに、登園してきた子どもたち。大好きな遊びのコーナーで、何人かが遊ぶ姿がありました。Aくんは1学期から積み木遊びが好きで、さまざまな形を作って遊んでいます。今日は ❶ₐ 四角柱の木製積み木を縦に重ね、慎重に積み上げています。

いつも一緒に遊んでいるUくんが、Aくんの積み木遊びを見て、おもしろそうだなという様子で入ってきました。ᵇUくんもAくんに刺激を受け、同じように積み木を重ねて積み上げ始めました。最初は崩れては積む作業を何回も何回も繰り返していましたが、ᶜそのうちにAくんの様子をじっくり見て、こつがわかったのか、同じように積み上げられるようになりました。

自分の背と積み木、どちらが高い？

やがてAくんが、高く積めたことに興奮して「見て見て〜。すごいぞ！ すごいぞ！」と、★担任のM先生に伝えました。M先生が「すごいわね。Aくんの背よりも高いわ」と感心すると、Aくんは ❷ 積み木と自分の身長とでどちらが高いかを比べ、積み木の方が高くなっていることに気づきました。

「ぼくの方が大きいよ！」

Aくんは、隣で積み木を積み上げているUくんに向かって ᵈ「U

"10の姿"の視点で見ると…

数量・図形/標識・文字

❶ 積み木で遊んでいくなかで、どう置けば高く積めるかなど、図形や立体に関する感覚が養われています。

その他の姿

ₐ 健康な心と体
思うように高く積み上げるために、自分の体や指先を操作しています。

ᵇ 自立心
友達に刺激を受けて同じように作りたいと思う気持ちは、個性や自立心の基盤になっていきます。

ᶜ 思考力の芽生え
高く積むためにはどうしたらよいか、友達の行動からヒントを得て、自分なりに試行錯誤をしたり、工夫しています。

★保育者の関わり
高く積めたことを認めると同時に、どのくらい高くなったかを、子どもに身近な「高さ」である身長と比較し、具体的に示すことで、より実感できるようにしています。

❷ 積んだ積み木の高さと自分の身長を比べることで「高い・低い」「長い・短い」といった感覚を体感しています。

第3章 事例から考える 保育で育む "10の姿"

くん見て〜。ぼく、こんなに高くなっちゃった」と自慢しました。そして「比べてみたら、ぼくの方が大きいよ」とUくんの積み木と比べながら言いました。

　Uくんも負けじと「比べてみたら、Uくんの方が大きいよ」と返すと、Aくんは「じゃあ、どっちも大きいじゃん！」と言い、❸「1階、2階、3階、4階…」と積み上げた積み木をうれしそうに数えだしました。❹「マンションのぼくの家は8階だから同じだ！」と喜んだ途端、せっかく積み上げた積み木は大きな音を立てて崩れてしまいました。

　すると、e その音を聞いた2人は「キャー!!」と大喜びして「崩れちゃったね」と顔を見合わせました。そこにM先生が★「あら、残念ね。崩れちゃったの？」と声をかけました。2人が満足そうにしていたので、「お弁当だから片づけてね」と次の行動を促しました。2人は、積み木を入れる箱を持ってきて片づけ始めました。大急ぎで詰め込んだので、全部入りきりません。f「あれ？　箱に入りきらないな」と少し考えた後、積み木を同じ向きに重ねてみると、きれいに納まりました。

❸ 自分でどれくらい積めたかを確かめるために、数を数えています。遊びのなかで数に親しむと共に、高さが数で表せることを理解しています。

❹ 自分のマンションの家の階数と同じ数になったことで、より高さを実感しています。

d 言葉による伝え合い
友達よりも自分の方が高く積めたことをうれしく思う気持ちを、言葉にして伝えています。

e 協同性
一瞬で崩れる積み木の音に反応しながらも、おもしろさを共感しています。

★保育者の関わり
自分の背丈よりも高く積み上げたことや、自宅のマンションの階数と同じになったことを認め、崩れた残念さに共感しています。また、子どもの様子を確認したうえで次の行動へ促しています。

f 思考力の芽生え
積み木を全部箱に納めるにはどのように重ねたらよいか、形や向きを考えて、工夫しています。

健康な心と体／自立心／協同性／道徳性・規範意識／社会生活との関わり／思考力の芽生え／自然・生命尊重／数量・図形／標識・文字／言葉による伝え合い／豊かな感性と表現

事例㉓ 数量や図形、標識や文字などへの関心・感覚

4歳児 2月

クラスの人数を確かめるには？

これまでの子どもの姿
友達といることがうれしく、相手の思いに気がついたり、行動に刺激を受けたりして遊びの幅を広げています。また5歳児のお別れ会に参加したことで、寂しさを味わいながらも、もうすぐ進級という期待も膨らんできています。

ねらい
- 生活のなかで、数や文字があると便利で役立つことに気づく。
- 生活のいろいろな場面で、必要な物や必要な数を認識する。

環境作り
- 自分たちで整えながら生活できるように、任せたり、促したり、協力してできる場面を作ったりする。
- 名前の文字を読むなど、発達に合わせて文字に触れる環境を作る。

活動

自分たちで進んで生活を整える

先日行われた豆まきの行事で、子どもたちは友達と協力して作った段ボールのおにをみんなで退治でき、達成感を味わっていました。また、5歳児とのお別れ会に参加するなかで、今までの感謝の気持ちを言葉や態度で表すことや、新入園児を迎える行事を考えることを通し、進級への期待も膨らんできました。

それに伴い、クラスの当番活動など、自分の役割に責任をもち、意欲的に生活をする姿も見られるようになっています。**ⓐ 自分たちの生活を整えることも、進んで行う姿勢**が身についてきました。

帰りの会のために椅子を並べる

最近は1日の終わりに、降園の支度ができた子どもたち数名が自発的に、帰りの会をするために **❶ 人数分の椅子を半円形に並べだす**ようになりました。

この日はAくんとRくんが椅子を並べながら、「何個並べればいいのかな？」と考え始めました。**★ 担任のM先生が「いくつ並べるか、わかるかな？」と尋ねると、❷ Aくんは少し考えてから「18個」と答えました。**

このクラスはもともと20名でしたが、冬休みにSくんがお父さんの転勤で引っ越しました。AくんはSくんと仲がよかったので、クラスが19名になったことを認識していたのです。それに加えて、保育室のホワイトボードには、今日のお休みの子

"10の姿"の視点で見ると…

数量・図形／標識・文字 **その他の姿**

ⓐ 自立心
生活自体を自分のこととして考え、進んでやろうとする姿勢が育っています。

❶ 椅子の間隔を適切にとりながら半円形に並べることで、空間を認識する力が養われています。

★ 保育者の関わり
必要な椅子の数を、クラスでの生活体験から応用して考えられるように促す問いかけをしています。

❷ 20人というクラスの人数から、転園児と欠席者の数を引けば、今日いる人数がわかるということを思考しています。

の名前が書いてあったことを踏まえて「18個」と答えたのでしょう。[b]ところが、Rくんが「えー！ 20個だよ」と言うので、実際に数えてみることにしました。

今日のクラスの人数を確かめるには？

❸[c]Rくんは、かばん掛けの名札を端から数え始めました。「1、2、3、4、5…」。❹「待って！」とAくんが6番目の名札を指して、「ここはいないよ」と言いました。転園してしまったSくんの物でした。その名札を抜いて、もう1度端から数え直しました。「1、2、3、4、5…16、17」まで数えると、次の子の名札を指して「ここは休みだから、とばして18」と数え終えました。

考えていた椅子の数とかばん掛けの名札から算出した、今日のクラスの人数が合っていたことに、[d]AくんもRくんもとても喜び、その後、並べた椅子をもう一度数えました。18個と確認して、余った椅子を片づけると、最後に中央にM先生の椅子を用意しました。

★M先生に「AくんとRくんのおかげで、帰りの会が始められるね。ありがとう」と言われた2人は、自分たちで考えてできたことがうれしく、[e]みんなの役に立ったことに満足感と達成感を得た様子でした。

[b] **言葉による伝え合い**
友達の考えを聞いたうえで、異なる意見を自分の言葉で伝えています。

❸ 椅子の数（出席者数）とかばん掛けの名札の数が1対1で対応することに気づき、実際に行動して確認しています。

[c] **思考力の芽生え**
必要な椅子の数を確認するために、かばん掛けの名札を数えれば人数がわかることに気づいています。

❹ 名札の文字を読みながら、その名前の友達を結びつけ、文字の役割を実感しています。

[d] **協同性**
友達の考えを受け入れ、一緒に試行錯誤しながら名札を数え、喜び合いました。1人では思いつかないことも、仲間の考えに触れることで新しい視点に気づき、それを取り入れながら行動しています。

★**保育者の関わり**
2人が必要な数の椅子をそろえてくれたおかげで、帰りの会が始められたことを、共に喜びました。2人がとった行動がみんなの役に立ったことを認め、自信につながるように関わっています。

[e] **社会生活との関わり**
自分たちの行動がクラスのみんなの役に立ったことを誇らしく思い、自信につなげています。

事例㉔
数量や図形、標識や文字などへの関心・感覚

5歳児　1月

オリジナルカルタ作り

これまでの子どもの姿
年末から、カルタやこま回し、すごろくなど、日本の伝統遊びに触れ、興味をもって友達と楽しんでいます。また文字や数にも興味をもち、読み書きをしたり、数を数えたり比べたりして、成長した自分を試しているかのような姿も多く見られます。

ねらい
- カルタ遊びを通して、文字への興味を高め、さらに読み書きへの意欲をもつ。
- カルタ遊びで取れた枚数を数えたり、友達と比べたりするなど、数への興味を深める。
- 文字や数への興味をさらに深め、使ってみる機会を増やす。

環境作り
- お正月遊びコーナーを作り、子どもが興味・関心をもって取り組めるようにする。
- 50音表を用意し、ひらがなの種類を確認できるようにする。

活動

冬休みの間にカルタがブームに

冬休み前に園からプレゼントされたカルタを、子どもたちは休み中に家族で楽しんだようです。3学期が始まった園でも、たくさんの子が友達とカルタ遊びを楽しんでいます。「取ったー」「Kちゃんの方が早かった」「お手つきは1回休みだよ！」と盛り上がっています。冬休み中に文字を覚えた子も多く、たくさん取ることを楽しむ子、読み手になることを楽しむ子、なかには読み札を全て覚えてしまっている子もいます。「8枚取れた」「ぼくの方が2枚多いよ」と、勝敗にもこだわっています。

みんなでカルタを作ろう

数日後、担任のD先生が「みんなでカルタを作れないかな？」と提案すると、「やってみたい」「作ろうよ」と声があがり、オリジナルのカルタ作りが始まりました。D先生はひらがなの50音表を壁に貼り、絵札と読み札にする画用紙を渡しました。みんなは好きな文字を1つずつ選び、カルタに書く文や絵を考え始めました。

試行錯誤しながら文字を書く

Kくんは50音表から「あ」を選び、あのつく言葉を考えると「ありだ」と言い、絵札にありをいっぱい描きました。次に読み

"10の姿"の視点で見ると…

数量・図形/標識・文字

❶ カルタ遊びでは、絵札や読み札に書かれた文字を読む必要があるため、遊ぶことで自然と文字の知識が増えています。

❷ 取れた絵札の数を数える、友達と枚数を比べるといったことを通し、数量の感覚が育っていきます。

その他の姿

ⓐ 道徳性・規範意識
ルールを守りながら遊ぶとおもしろいことがわかり、それを守って遊ぼうとしています。

★**保育者の関わり**
子どもたちがカルタ遊びを通して培った知識や知恵、想像力や技術をさらに生かす遊びとして、カルタ作りを提案しています。

★**保育者の関わり**
文字の形や音との対応を確かめることができる50音表を用意しておくことで、子どもがまだ書けない文字や読めない文字があっても、自分で確認したり、友達に教えてもらったりして活動を進めることができます。

札に「あ」を書こうとしましたが、うまく書けず何度もやり直していました。**結局このときは書くことができず、Sちゃんのところに行って「あ」を書いてもらいました。**Sちゃんが字を書くのが得意なことを知っていたからです。KくんはSちゃんの助けを借りて、「ありが あるいてる」という読み札を完成させました。

Mちゃんは「く」を選び、最初に読み札に「くまは えをかきました」と書こうとしましたが、❹c **「を」の書き方がわからず、困った顔をしていました。そのうちにクラスの壁に50音表が貼ってあることに気づき、近くに行って表を見ながら書きました。**そして絵札には、絵を描いているくまを描きました。

自分たちで作ったカルタは、おもしろい！

d **みんなが作った、個性いっぱいのカルタ**がそろったところで、さっそくカルタ大会が始まりました。自分たちで作ったカルタ遊びは大いに盛り上がり、子どもたちはいつもより誇らしげな顔で楽しんでいました。

---

❸ 1つの文字から言葉を連想し、さらにその言葉を使って簡単な文を作ることで、文字や文の感覚を養っています。

❹ 自分のカルタを完成させるために「文字を書きたい」という思いが、50音表で確かめるという意欲につながっています。

b **協同性**
クラスでカルタを完成させるという目標を共有すると同時に、友達の力を認め、その力も借りながら作業を進めています。

c **思考力の芽生え**
覚えていない文字の形を知るためには、50音表で確かめればよいことに気がついています。

d **豊かな感性と表現**
それぞれの子どもが思い思いに文字や絵を描いて作ったカルタを持ち寄り、友達の作品を味わい、楽しんでいます。

保育者がすぐに取り組める

数量や図形、標識や文字などへの関心・感覚を育む環境構成＆援助

数を数える他、「残りはいくつ」「○人で分けるとこのくらい」といった経験をすることが、数量の感覚を養います。また身近な環境にある図形や標識、文字にも親しみ、「もっと知りたい」「書いてみたい」という気持ちを育てましょう。

キーワード❶ 数量・図形に親しむ

カレンダー

環境構成＆援助
カレンダーを示したり、丸をつけたりしながら「あと2日で遠足」など、日数を意識できるような言葉かけをする。

出欠調べ

保育者の援助
欠席した子の人数など、生活のなかでの声かけを通して、数字に興味をもてるようにする。

ドッジボール

保育者の援助
等しく2チームに分かれたり、同じ大きさのコートを作ったりするような遊びを取り入れる。

第3章 事例から考える 保育で育む "10の姿"

キーワード ❷
標識・文字に親しむ

個人マーク

環境構成
決めた場所に個人マークを貼っておき、自分の場所を認識できるようにする。

ひらがな表

環境構成
保育室にひらがな表や、歌の歌詞を掲示して文字への興味を促す。

エコ教育

保育者の援助
ペットボトルや牛乳パックを見せ、リサイクルマークがあることを話し、分類する。

公共の場所

保育者の援助
駅や美術館など公共の場で「非常口」や「車いす」などのマークを見る機会をもつ。

キーワード ❸
数量や図形、標識や文字の役割に気づき、それを活用する

おやつ配り

環境構成＆援助
数や量を等しく分けられるように、子どもが考えながら配る機会を作る。

七夕の短冊書き

保育者の援助
短冊書きを通じて、自分の願いを文字で表す体験ができるようにする。

事例㉕ 言葉による伝え合い

3歳児 10月

おままごと

これまでの子どもの姿
友達との結びつきが強くなるこの時期、同じメンバー3～4人で遊ぶようになってきました。そのなかで自分の思いを主張する子や、友達の提案や進め方で遊びを楽しむ子など、友達との関わり方にも個性が見られます。

ねらい
- 友達と一緒に遊びを楽しむ。
- 自分の思いを言葉で伝える。
- 共通の遊びのイメージをもちながら、友達との考え方の違いや共通点を楽しむ。

環境作り
- 必要な物の出し入れが容易にできるような環境を準備する（取り出しやすい棚や分類しやすく整理されたボックスなど）。
- 遊びのイメージにつながるアイテムを用意する。

活動

保育室のままごとコーナーで遊ぶ子どもたち

登園した子どもたちは、身支度を済ませると自由に遊び始めました。<u>保育室では女の子4人がままごとをしています</u>。**a** それぞれが❶<u>「Aちゃんがお母さんね」「じゃあNちゃんはバブちゃん（赤ちゃん）やる」「Sちゃんはお姉ちゃん」となりたい役を出し合います</u>。「じゃあ、Mちゃんは犬でいいでしょ」とAちゃんがまだ役を言っていないMちゃんに言いました。「えー。Mちゃんもお母さんになりたい…」とMちゃん。「お母さんはAちゃん。もう先に決まっちゃったもん。ねっ、だからMちゃんは犬でいいでしょ」と<u>押し切られ、ちょっと迷いながらも</u>**b**「うん、わかった」とMちゃんは答えました。

役に合わせた言葉でなりきる

お母さん役のAちゃんはエプロンを着て、キッチンの前でフライパンを使ってお料理のまねをしています。バブちゃん役のNちゃんは、布団をかけて横になりながら❷<u>「むにゃ、むにゃ」</u>と声を出し、その横で犬役のMちゃんも❷<u>「ワン！ワン！」</u>と言いながらハイハイで歩き回り、なりきっている様子です。お姉ちゃん役のSちゃんはランドセルに絵本を詰めています。❷<u>「ごはんできたわよ」</u>とAちゃんが声をかけると、料理がたくさん並んだテーブルをみんなが囲んで座り、飲んだり食べたりのまねをしました。

"10の姿"の視点で見ると…

言葉による伝え合い　**その他の姿**

★保育者の関わり
ままごと遊びは、子どもが経験している生活を再現していくので、イメージや遊びが広がりやすく、育ちの大切な場となります。子どもたちが自ら遊びだせるようにコーナーを設定し、遊びの展開により廃材や道具などを取り出しやすいように環境を整えておきます。

❶ それぞれが遊びのイメージをもち、自分がやりたい役割を言葉で友達に伝え、共有しています。

a 協同性
好きな場所を選び、好きな友達と一緒に遊びに取り組んでいます。

b 道徳性・規範意識
友達の思いに気づくと同時に、自分の思いとの間で葛藤しています。少しずつ相手の思いを受け入れ、自分の気持ちを調整しようとしています。

❷ アイテムを使ったり身体表現をしたりすることに加え、そのイメージの言葉を出し合って表現することで、役になりきっています。

お客さんがやってきた

★そばで見ていた担任のK先生が「トゥルルル、トゥルルル」と電話の音をまねると、お母さん役のAちゃんがおもちゃの❸受話器を耳に当て「はい！ 誰ですか？」と応答しました。「こんにちは。ご無沙汰しています。Kです」「はい、何ですか？」「あの、今からお家にお邪魔してもよいですか？」「はい、よいですよ」。電話での応答が終わると、「ピンポーン」と言いながらK先生がやってきました。「はーい、どうぞ」「こんにちは、Kです。お家にあがってもいいですか？」「どうぞ」「玄関はどこですか？」「ここで靴を脱いでください」とやりとりが続きます。K先生が、指定されたところで靴を脱ぐと、Aちゃんたちから c d 「こちらへどうぞ」とテーブルに案内され、お茶やお菓子などたくさんのごちそうを出され、歓待を受けました。

「今度はお母さんね」

お昼になったので片づけのコールがかかりました。★ e 使った物を、種類別に引き出しやボックスのマークごとに片づけると、❹「楽しかったね」「今度はMちゃんがお母さんね」と、次の約束を交わしながら、昼食の準備へと向かっていきました。

★保育者の関わり
突然の電話というシチュエーションなど、様子を見ながら子どもたちの遊びに少し変化を加えています。ごっこ遊びのイメージに広がりをもたせ、表現や言葉のやりとりを生み出せるように関わっています。

❸ 突然の電話に驚きながらも興味をもち、言葉で応答してイメージを広げながら遊びを楽しんでいます。

c 社会生活との関わり
d 豊かな感性と表現
園生活以外の公共の場や、社会生活のなかで見聞きしたことを表現して楽しんでいます。

★保育者の関わり
遊びを区切るときは、子どもの様子を見ながら、次への継続も考えます。また、分類のマークをつけるなど、「なにをどこに片づけるか」が一目でわかり、自分たちで片づける習慣づけとなるような環境作りに配慮します。

❹ 楽しかった思いを互いに共感し合い、それを次につなげられるように、言葉で表し、伝え合っています。

e 数量・図形／標識・文字
片づけも、食べ物・お皿・フォークなどの形ごとに分類したり、マークに対応して種類別に分けたりする機会になっています。

事例㉖ 言葉による伝え合い

4歳児 10月

心って何だろう

これまでの子どもの姿
遊びを進めるなかで、やりたいことや思いが出てきますが、まだ自分優先が先行し、思いがぶつかり合います。それでも、友達と共有する楽しさにひかれ、自分勝手に物事を進めることも減りました。折り合いがつかないときに、長い話し合いをする輪があちらこちらで見られます。

ねらい
- 絵本を通して感じたことを、言葉で表現する。
- 友達の話を聞き、さまざまな考えに触れる。
- 自分の気づきや考え、思いを伝え合う。

環境作り
- 読み聞かせでは、子どもたちから絵本が見える高さや距離、声の大きさ、抑揚などに気をつける。
- 子どものつぶやきに耳を傾けつつ、子ども一人ひとりの鑑賞の姿に配慮して進める。

活動

絵本を見て出たつぶやき

遊びを終えて保育室に戻ってきた子どもたちに、担任のF先生が「今日は、この絵本にしようかな」と投げかけました。このクラスでは、**❶毎日1冊ずつ絵本の読み聞かせをしているので、子どもたちも今日はどの絵本だろうと、興味津々で集まってきました。**★床に敷かれたマットの上で、それぞれが絵本の見える位置に座ると、「『わんぱくだんのロボットランド』…」とF先生が読み始めました。

お話の始まりの「きょうは なにが おこるかな !?」の言葉に、「どこに行くんだろう」と**ⓐさっそく子どもからつぶやきがもれました。**ページが進むごとに**❷「ハートってなに?」「心って何だろう?」「お花のロボットなんだね」「消えちゃった」**と子どもがそれぞれに感じる思いが、言葉として表れます。F先生はその子どものつぶやき一つひとつに耳を傾け、まなざしで返しながら話を進めていきました。

直ったらまた動くのかな?

絵本が閉じられると、お話の世界に入り込んでいた子どもたちがふっと我に返り、絵本に集まってきました。「ほんとにつぶれてるね」「ここも穴開いちゃってるよ」「やっぱり夢じゃなかったんだよ」と絵本のなかのロボットを見ながら話し合っています。「直せるかな?」とTちゃんが言うと、「段ボールだったらクラフトテープを貼れば直るよ」とRくん。「そうね。R

"10の姿"の視点で見ると…

言葉による伝え合い / **その他の姿**

❶ 毎日の読み聞かせを通して、絵本への親しみや興味が育まれています。

★保育者の関わり
マットを敷くことで、絵本に近い場所を示すと同時に、ゆったり安らげる空間作りをしています。子どもたちが落ち着き、気持ちが絵本に向かうタイミングに合わせて読み始めます。

ⓐ 道徳性・規範意識
絵本をみんなで見ているということを意識し、妨げにならないよう、つぶやく声のトーンを抑えています。

❷ 絵と言葉からイメージすることや、疑問や感情を安心して言葉にしていくことで、物語の先に思いを馳せ、よりお話の世界に入り込んでいます。

くんは箱でなにかを作るときに、クラフトテープを使っているものね」とF先生がRくんの日々の様子を伝えると、Rくんは「そうだよ、段ボールや箱はクラフトテープでつけられるよ」と得意気な表情で言いました。「直ったらまた動くのかな？」と心配顔のTちゃんに対して、「動くよ、直ったら」と自信をもって答えるRくん。子どもたちのロボットへの関心が続きます。

「心って何だろうね？」

子どもたちの話を聞きながら、F先生は「心って何だろうね？」と絵本を読んでいるときに子どもがつぶやいていたことを、みんなに投げかけてみました。すると ③d 子どもたちは、それぞれの考えを話し始めました。

まずSちゃんが「心はハートのこと」と言いました。それを聞いてRくんが「心を入れたから（ロボットが）動いたんじゃない？」と応じます。Mちゃんが「ハートが心だったんだ」と受けると、またRくんが「心は心臓のことだよ。心臓は神様が作ってくれたんだよ。人間は心臓がないと動かないんだよ」と説明し始めました。それを横で聞いていたTちゃんが ④「でもTは心はないよ。私はハート入ってないもん」と言うと、Kくんから「心は気持ちってことだよ」という言葉が出てきました。F先生が「心は気持ちなんだ」と受けとめると、「そう、心はここにあるんだよ」とKくんは自分の胸の真ん中をたたいて見せました。それを見たSちゃんが「こっちだよ」と言って左胸に手を当てて示すと、Nちゃんが「両方にあるんじゃない？」と言いました。

F先生は子どもたちの会話に耳を傾けていましたが、やりとりが途切れたタイミングで「さあ、お帰りの支度にしましょうか」とマットを片づけようとすると、子どもたちも手伝い始めました。

---

b 思考力の芽生え
遊びなどの経験から段ボールの性質を理解し、それをもとに考えを巡らせ、必要な道具や材料に思い至っています。

★**保育者の関わり**
読み聞かせの最中に出てきた、子どものつぶやきから捉えた言葉を投げかけることで、思考を促しています。

c 協同性
友達の言葉から思いに気づき、それに寄り添って前向きな言葉をかけながら、イメージを共有しています。

d 思考力の芽生え
友達のさまざまな考えに触れ、それを受けて自分の考えを生み出しています。

③ 物語で感じたことに、生活のなかで見聞きして得た知識を加えて考えついたことを、自分の言葉で表現し、説明しています。

④ 友達の話を聞いて流れを受け、自分の考えも言葉で表し、意欲的に伝えています。

★**保育者の関わり**
子どもの言葉に共感することで、次の言葉を引き出しています。

運動会の話し合い

これまでの子どもの姿
友達と誘い合って、遊びのルールを作りだしたり、道具や材料をアレンジして使ったりと、工夫する姿があります。ときに自分のペースで遊びを進めすぎたり、強い口調で友達を非難してトラブルが起きたりすることもありますが、仲間のなかで諌め、解決に向かおうとするようになっています。

ねらい
- 自分たちで話し合いを進める。
- 友達の話を聞き、思いに気づく。
- 自分の考えをみんなの前で発表する。

環境作り
- 話し合いの際は必要に応じて椅子に着席するなど、発言する子に注目しやすい環境を整える。
- 発言の内容を整理し、話し合いの道筋がわかるように子どもたち全体に返す。

活動

「先生、運動会しないの？」

園庭で友達とリレーをしていたFちゃんが、「先生、今度はあれしたい」と倉庫の前にある玉入れスタンドを指さしました。「いいわよ。出してあげるから手伝ってくれる？」と担任のH先生が答え、Fちゃんと一緒にスタンドを運んでいると、「なにしてるの？」とつぎつぎに子どもたちが集まり、玉入れが始まりました。

その様子を見ていたKちゃんが「先生、運動会しないの？」❶と聞いてきました。★「Kちゃんはどう思うの？」とH先生が問い返すと、「やりたい」と答えました。「そうなのね。みんなはどうだろうね」「言ってみる」ということで5歳児が集まり、話し合うことになりました。

「ぼく、やりたくない」

ひとしきり遊んだ後、5歳児が集まるとKちゃんがみんなの前でこう切り出しました。「運動会やらない？」❷。その言葉を聞いた子どもたちは即座に「いいね！やろうよ」「わたしもやりたい」と答えます。「どうしてやろうと思うの？」とH先生が尋ねると、❸「楽しいから」「みんなでできるから」「お母さんやお父さんが見に来るから」という発言のなかで、何とも浮かない顔のJくん。「ぼく、やりたくない」とつぶやくと、その言葉に「わたしも」「ぼくも」と少数ではあるものの同じ思いをもつ子どもたちが声を上げました。

★「ねえ、やりたくないというお友達もいるみたいだけど、話

"10の姿"の視点で見ると…

言葉による伝え合い / **その他の姿**

ⓐ 健康な心と体
友達と一緒に園庭を走り回って、十分に体を動かし、楽しみを感じています。

★**保育者の関わり**
聞かれたことに答えるよりも、子どもが自分で考え、行動できるような言葉を選び、投げかけています。

❶❷ 過去の経験を思い出して、運動会をやりたいという意欲をもち、実現に向けての思いや考えを言葉にして、保育者や友達に伝えています。

❸ 経験から感じたことを言葉で伝え合い、思いを共有しています。

ⓑ 豊かな感性と表現
これまでの運動会のなかで、感じた思いや心が動かされた経験を、表現しています。

★**保育者の関わり**
思いが異なる友達もいることへの気づきを促し、互いのいろいろな意見を出し合って話し合う経験となるきっかけとなるよう、投げかけをしています。

を聞いてみようか」とH先生が言いました。そこで理由を聞くと、「走るのが遅いからやだ」とIちゃんが言いました。すると「あのね、手（腕）を曲げてこうやって振るといいんだって」「何回も練習すれば速くなるよ」といったアイデアを出してくれる子が出てきました。Jくんが「やり方わからないし」と言うと「どれ？　どれがわからないの？」と尋ねる子がいます。「玉入れ」とJくんが答えると、「え？　じゃあ一緒にやってあげるよ」と声が上がりました。さらにDくんが、小声で「疲れるから」と言うと「あのね、子どもは疲れないって。お母さん言ってたよ」「ときどきお水飲んだりすればいいんじゃない」と、やりたくない子それぞれの思いを聞いては、必死に説得しています。みんなが話し合っているなか、Uくんは椅子に座っていることができずに、周りを歩き回っています。そんなUくんにMちゃんは「だめだよ」と言い、椅子に座らせてあげました。そして「運動会やりたい？」と聞くと、Uくんは「やりたい」と小さな声で答えました。するとMちゃんは「先生、Uくんもやりたいって！」と言いました。みんなほっとした表情になりました。

みんなの言葉で心が動く

話し合いが進むなか、頃合いを見てH先生が「Jくん、Iちゃん、Dくん、★どうかな。みんながこんなに教えてくれているけれど」と投げかけます。すると しばらく考えていたJくんが「やってみる」と言うと、Iちゃん、Dくんも「やる！」と続きました。その言葉を聞いた子どもたちが、安堵と喜びと共に3人の元に集まります。運動会への期待を共感しているようでした。

---

c 自立心
走るのが遅いからとあきらめず、やり方を工夫したり練習したりすることで、自分の力で困難を乗り越えられるという思いが表れています。

④ 自らの経験や工夫を言葉で伝え、共感を促しています。

d 協同性
友達の困難な状況を受けとめ、一緒にやり遂げようとする気持ちが言葉に表れています。

⑤ 友達の思いを聞き、自分の考えを伝えるというプロセスで、言葉を通して理解する経験を重ねています。

e 道徳性・規範意識
友達と一緒に生活するなかで、個々の特性を知ることで相手に添った関わりができるようになっています。クラスとしての仲間意識をもった言動です。

★保育者の関わり
他者の意見を聞いて考えたことを、言葉にして伝え合うきっかけとなるように、子どもたちに投げかけています。

f 思考力の芽生え
友達の話から、自分の考えを改めて見直し、やってみようとする思いに至っています。

保育者がすぐに取り組める
言葉による伝え合いを育む
環境構成＆援助

年齢や興味に合った絵本や物語に触れ、楽しめるよう、環境を整えましょう。
また、子どもが自分の気持ちを言葉で表現できないときは、
保育者が子どもの気持ちに寄り添い、言葉を補っていくことも大切です。

キーワード ❶
絵本や物語に親しむ

絵本コーナー

環境構成
子ども自身で好きな本が選べるように、表紙を見せて並べる。

読み聞かせ

環境構成＆援助
静かな雰囲気や声のトーンに配慮して、子どもが落ち着いて聞けるような場作りをする。

図書の貸し出し

環境構成＆援助
図書の貸し出しをして、家庭でも絵本に親しめる機会を作る。

第3章 事例から考える 保育で育む "10の姿"

✨キーワード❷✨
豊かな言葉や表現を身につける

挨拶

保育者の援助
場に応じた挨拶に気づけるよう、「いただきます」「ありがとう」など保育者が率先して行う。

素話

保育者の援助
子どもの表情に気を配りながら、子どもがイメージをしやすい話を選ぶ。

✨キーワード❸✨
経験したことや考えたことを伝えたり聞いたりする

つぶやき

保育者の援助
遊びのなかでの子どものつぶやきを拾い、保育者が共感して受け止め、相づちを打つなどする。

発表

保育者の援助
子どもが経験したことを、友達の前で発表したり、聞いたりする機会を設ける。

✨キーワード❹✨
言葉による伝え合いを楽しむ

子ども同士のおしゃべり

保育者の援助
子ども同士が気軽に会話し、共感し合える機会やグループを構成する。

新聞紙で遊ぼう

事例㉘ 豊かな感性と表現　3歳児 5月

| これまでの子どもの姿 | 4月からの環境変化に戸惑い、保育者に依存していた子どもたちも、園生活に慣れてきました。感覚的な遊びが好きな子どもたちは、砂場や手洗い場に入り浸って、砂や水の感触を心地よさそうに遊んでいます。 |

ねらい
- 新聞紙を破いたり丸めたりする感触を楽しむ。
- 新聞紙をいろいろな物に見立てて遊ぶ。

環境作り
- 3歳児が扱いやすいよう、新聞紙を1枚ずつばらして、十分な枚数を用意する。
- 興奮して部屋中を歩き回ることが予想されるので、机・椅子などを片づけておく。

活動

突然のビリビリ！ から広がる「やりたーい！」

いつもおもしろいことを提案してくれる担任のT先生が、今日は新聞紙を取り出しました。期待に胸を膨らませながら、不思議そうにT先生の手元を見つめる子どもたち。
「昨日は、O選手がホームラン打ったって書いてある」。
❶T先生が記事を読むと、「知ってる〜」と子どもたちが答え、会話が弾みます。すると突然、記事を紹介していた新聞紙がビリビリ！ と音を立てて破れたので、子どもたちはびっくりしました。ⓐ「あー破れちゃった。でも、おもしろい音がするね」と、T先生がさらにビリビリ破ると、子どもたちから「やりたーい！」の声があがりました。

破いたり、丸めたり、やりたいことを存分に

❷ⓑ子ども一人ひとりに新聞紙を渡すと、思い思いに破いたり、丸めたりしています。真ん中から豪快に破く子もいれば、端っこを少しずつ破く子も。さらにはちぎった新聞紙を丸めて投げる子もいて、部屋のなかは、ワーキャーと大騒ぎで新聞紙だらけになりました。「もっとちょうだい」の声に応じて新聞紙を渡すと、次から次へと破る子がたくさん現れました。

"10の姿"の視点で見ると…

豊かな感性と表現　**その他の姿**

❶ 保育者との対話を通して、新聞紙への親しみを深めています。また、突然破れたことに対する驚きに、感性を刺激されています。

ⓐ **言葉による伝え合い**
保育者との対話のなかで言いたいことが言える雰囲気が、表現したい気持ちにつながっていきます。

❷ 子どもたちそれぞれが自分なりに素材に触れて、いろいろと試しています。この経験が、豊かな表現の土壌になっていきます。

ⓑ **思考力の芽生え**
素材に自由にアプローチしながら、こうやりたい、ああやりたいという考えや思いをもち、実際にやってみることを通して、素材の性質や特徴を感じ取っていきます。

子どもの声に耳を傾けると

　ひたすら破き続ける子がいる一方で、散り散りになって舞う紙吹雪を見て、「雪が降ってきたー」と表現したHくん。❸その声にT先生が「大雪だね」と合わせると、近くにいたSちゃんやKくんも、「雪だ、雪だ」と寝っ転がって遊びだしました。向こうで寝っ転がっていたFくんは、海をイメージしているのか泳ぐ動きをしています。

　★T先生が「寒いから服を着よう」と言って、穴を開けた新聞紙をかぶると、「私も着たい」とまねをするAちゃん。他の子どもたちも、服にしたり、帽子にしたり、マントにしたりと、新聞紙を思い思いのイメージに見立てて遊んでいました。

玉入れごっこで回収したら雪だるまに

　頃合いを見て、T先生が大きなポリ袋を取り出すと、相棒のH先生が丸めた新聞紙を投げ入れました。「入ったー！」とH先生が大きめの声を出すと、d「ぼくも入れたい」と後に続くKくん。周りの子たちも後に続き、散乱していた新聞片が見事に2つの袋に収まりました。

　2つの袋を重ねて目をつけたら、❹みんなの雪だるまが完成しました。雪をイメージしていたHくんもにっこりです。

---

❸ これまで経験したことを思い出して、自分なりに例えて表現しています。

★**保育者の関わり**
子どものなに気ないつぶやきが、表現を広げるきっかけになることがあります。保育者がそのチャンスを逃さずに応じたことで、子どもの発想を他の子に広げる橋渡し役になっています。

★**保育者の関わり**
保育者が新しい提案をすることで、子どもの感性を刺激しています。

c **言葉による伝え合い**
友達の発想を受けて感じたことを言葉にすることで、イメージを共有し、遊びがより楽しくなっていきます。

d **協同性**
みんなで集めた物が形になったことで、一緒に遊んだ楽しさを感じています。

❹ 片づけにとどまらず、形が残って遊びが収束すると、「もっとやりたい」という意欲や次の表現につながっていきます。

おいしそうなドーナツを作りたい

事例㉙ 豊かな感性と表現

4歳児 11月

これまでの子どもの姿
運動会を通して、クラス意識や仲間とのつながりが広がってきました。好きな友達とイメージを共有しながらごっこ遊びを楽しみ、参加する人数も多くなっています。ごっこ遊びでは、それぞれが自身の経験をもとに、ディテールにこだわった表現が見られます。

ねらい
- いろいろな素材を使った製作表現を楽しむ。
- 工夫したり、試したりしてイメージを自分なりに表現する。
- 友達とイメージを共有して、ごっこ遊びを楽しむ。

環境作り
- いろいろな種類の素材を準備する。
- メニューや広告など、お店のイメージが膨らむ題材を用意する。
- 継続的に関われるよう、お店の場を設定する。

活動

おやつを買いに行ったら…

4歳児数人で近所のスーパーに、誕生会で食べる全園児用のおやつを買いに行きました。それをクラスのみんなに見せると、**ⓐMくんが「おやつ屋さんをやろう！」**と提案。誕生会後に、買ってきたおやつを4歳児クラスの保育室に並べると、他学年の子どもがお客さんとしてやって来て、**①"おやつ屋さん"は大いに盛り上がりました。**

お店の品物を作りたい！けど…

次の日、おやつ屋さんで気をよくした子どもたちは「もっとお店をやりたい！」といろいろな物を作り始めました。ケーキ屋、ドーナツ屋、携帯ゲーム機屋、お寿司屋など、**②お店のイメージはどんどん広がっていきます。**ゲーム機屋のYくんのように、マーカーで液晶の絵を描いた色画用紙を半分に折って、「できた」とどんどん商品を量産する子がいる一方で、Rちゃんたちのドーナツ屋は、自分たちの色画用紙とペンで作ったドーナツが、小さくて平面的なことに納得できず、戸惑っていました。

本物のお店に行ってみよう！

「どうやったらおいしそうなドーナツになるかなぁ」と担任のW先生と一緒に考えていると、**★Aちゃんが「Mドーナツに行ったことあるよ」**とドーナツ屋さんで買い物をした経験を話

"10の姿"の視点で見ると…

豊かな感性と表現 ／ **その他の姿**

① おやつ屋さんの成功という心動かす経験が、子どもたちの表現への意欲を高めていきます。

ⓐ 自立心
目の前のお菓子と、「みんなでおやつを食べる」という、誕生会に参加した経験から得た見通しとを結びつけて考えついた、やりたいことを提案しています。

② 現実と想像を行き来できる4歳児ならではのユニークな発想が、保育者や素材との触れ合いを通して広がります。

★保育者の関わり
意欲はあるけれど、技術や作る方法に悩む4歳児には、実際に見る機会を作るなど、少し踏み込んだ援助が必要な場合があります。そうした援助が子どもの力を引き出していきます。

しました。そこでW先生の提案で、「Mドーナツに行って、見てみよう」という展開になりました。

数日後、ドーナツ屋さんに加えて、Kくんのおじいさんがやっているお寿司屋さんや、保護者会長さんのケーキ屋さん、近くのおもちゃ屋さんなど、さまざまなお店を見学しました。

「このツブツブが大事なの」

本物のお店に行って、気分が盛り上がり、イメージが明確になった子どもたち。製作意欲は満々です。平面のドーナツに納得しなかったRちゃんたちは、ドーナツを紙粘土で作ることにし、「クリームをちょんと載せたい」など、W先生と相談しながら、立体的なドーナツ作りを楽しんでいました。

Sちゃんは、紙粘土のドーナツにいちごクリームに見立てたピンクの絵の具を塗ったところに、串で小さな穴をいくつも開けています。「このツブツブが大事なの」。Sちゃんは、本物のいちごドーナツにあったツブツブがおいしさのポイントと感じたようです。隣で一緒に作っていたKくんやTくんも楽しそうにツブツブいちごドーナツを作っています。

他にも、ボタンがついて本物らしくなったゲーム機や、お店で会った職人さんに憧れて、服装や店構えに気を遣ったお寿司屋さんなど、それぞれのこだわりを反映したお店ができ、W先生に見せる姿がありました。

いよいよ開店！

数週間かけて品物を作ったお店が、いよいよ開店です。保護者や他学年の子どもたちが買いに来て、大繁盛。「いらっしゃいませ〜」「50円です」などのやりとりや、商品を得意顔で説明する姿があちこちで見られました。ドーナツ屋さんでは、お店で食べることができ、サービスでコーヒーを提供するなど、本物さながらのお店の運営も楽しみました。

---

b 社会生活との関わり
普段行っているお店や身近な人に、いつもと違う目的で触れることで、新たな視点で関わりを感じる機会になっています。

③④⑤ 子どもがこだわる
細部に、一人ひとりの表現したい気持ちが表れています。

c 思考力の芽生え
まねは学びの第一歩。友達の表現に刺激を受け、取り入れて製作しています。

★保育者の関わり
子どものこだわりを見逃すことなく、そこから気持ちをくみ取っていきます。

⑥ 実際に店を見たことにより、商品はもちろん、サービスなど周囲のことにも興味が向かい、さらに製作意欲や再現度が高まっています。

d 言葉による伝え合い
e 数量・図形／標識・文字
お店屋さんのやりとりには言葉はもちろん、お金の扱い、値段や看板の掲示など、多くの要素が含まれており、お店屋さんごっこを通じてさまざまな感覚が養われていきます。

★保育者の関わり
保護者も参加する活動は、子どもの感性や表現を広く知らせるチャンスです。写真などを使って、そのプロセスで子どもがなにを学んでいるのかを伝えることも大切です。

事例㉚ 豊かな感性と表現

5歳児 12月

みんなで絵本を作ろう

これまでの子どもの姿
運動会や発表会などの大きな行事を年長児として経験した子どもたちは、充実感や達成感をもって園生活を楽しんでいます。また、友達と共通の目的をもって、行事に取り組んだ経験によって、いっそう仲間意識が深まりました。

ねらい
- 経験や技術を生かして、自由な表現を楽しむ。
- 友達と考えを出し合い、認め合う。
- 言葉や文字を使って、絵本作りを楽しむ。

環境作り
- クラスのなかで各々が考えたストーリーが話せるよう、落ち着いた雰囲気を作る。
- 絵本作りの活動を、子どものエピソードや写真を交えながら掲示する。

活動

みんなで考えたお話、おもしろい！

★Yちゃんが、自分で作った絵本をみんなの前で読んだことから、絵本作りが盛り上がり、クラスみんなで考えることになりました。
❶「トンネルを出るとおばけが出てきて…」など、言いたい子がつぎつぎに話をつないでいきます。ⓐサンタが出てきたり、海に行ったり、意外な展開になる度に、クラスみんなで大笑い。最後は主人公がお家に帰ってひと安心の、大冒険の物語です。

「ぼくがここを描くよ」

みんなで作ったお話がおもしろかったので、みんなで絵も描いて絵本にすることになりました。2～3人のグループで、好きな場面を選んで描いていきます。
ⓑ「ぼくがここを描くよ、Rくんはそっち塗って」とスムーズに分担して描いていくグループもあれば、「違うよ！ 勝手に描いちゃダメ」ともめているグループもあります。
「だから、ここは山だから緑なの！」Mちゃんは語気を強めながら、塗るのが楽しくなってはみ出しながらどんどん描いてしまうTくんに、自分のイメージを一生懸命伝えていました。
別のグループでは、主人公が着ている園服の紺色を絵の具で調合する相談をしています。OちゃんとSちゃんは、❷青と黒、その他の色を微妙に合わせて試しながら、自分たちの納得のいく紺色を作って塗りました。

"10の姿"の視点で見ると…

豊かな感性と表現 | **その他の姿**

★保育者の関わり
日常の遊びで子どものおもしろい表現が出てきたとき、保育者が見逃さずにみんなの前で発表する機会を作ったことで、全体の活動につながっています。その刺激を受け、自然と他児の意欲も高まります。

❶ 思ったこと、考えたことが自由に言える雰囲気と、友達からの刺激を受け、子どもそれぞれが想像力・創造力をかき立てられています。

ⓐ 社会生活との関わり
園内外でのさまざまな経験や情報が、発想のベースになっています。

ⓑ 協同性
絵本を作る（絵を描く）という共通の目的に向かって、役割を調整しながら活動を進めています。

❷ これまでの製作や遊びで培った経験やスキルを生かして、イメージに合った表現ができるようになっています。

第3章 事例から考える 保育で育む"10の姿"

タイトルが決まらない

絵本の表紙を作ることになって、まだタイトルがないことに気づき、★クラスみんなで相談しました。いろいろな意見が出た後、多数決で「おばけの不思議なプレゼント」に決まりそうになったとき、Sちゃんが異議を唱えました。お話にサンタを登場させたSちゃんは、どうしても <u>「サンタを入れたい」</u>と言って譲りません。「おばけでいいって言ったじゃん」「プールが出てきて夏だけど、サンタは冬だよ」とそれぞれが理由を言って行き詰まる雰囲気のなか、Oちゃんが「じゃあ、『クリスマスの不思議なプレゼント』は？」と提案すると、<u>新鮮な意見にSちゃんも他の子も納得</u>して、無事にタイトルが決まりました。

絵本ができた！読み聞かせたいけど…

絵本ができて、描いた場面をそれぞれが担当して読んでみると、これがなかなか難しいのです。クラスで自由に、思いついたことを言っていたときはスムーズだったのに、<u>絵本にある文字を読むとなると、どうしてもたどたどしくなってしまい、読んだとしても声が小さいと「聞こえなーい」と友達から言われてしまいます。</u>
<u>Kくんのグループは自主練習も重ねながら、得意な子が苦手な子に丁寧に教えています。</u>Kくんはどうしても長文が苦手な一方、★<u>主人公が空へ飛び出す効果音"ビューン"だけは臨場感たっぷりに読み上げるので、"ビューン"担当になりました。</u>

"ビューン"が一番の見せ場です

いざ披露。聴き手である3歳児クラスの子どもたちもさることながら、それ以上に話し手の5歳児クラスの子どもたちはワクワクしています。
始まりから急展開が多いストーリーにも関わらず、3歳児たちは話に聞き入っています。そして、<u>一番盛り上がったのがKくんの"ビューン！"の部分。</u><u>聞き手も話し手も、みんながどっと笑って大いに盛り上がりました。</u>

★保育者の関わり
多数決で決めて結論を急がずに、少数意見に目を向けるところにも、集団保育の役割があります。

c 言葉による伝え合い
共同絵本のタイトルという重要案件について、言葉を駆使して思いを伝えながら、友達のさまざまな考えにも触れ、よりよい結論に導こうと思考を深めています。

❸ 自分の表現だけでなく、妥協したり、折衷案を出したりするなど、他人の思いも取り入れ、みんなが納得できるよう考えています。

❹ 5歳児になると客観的視点が育っているので、表現する際に人に「見せる」「聞いてもらう」という意識が加わり、緊張しています。

d 数量・図形／標識・文字
内容を表すという文字の役割を知ると同時に、音読の難しさに気づきながら、文字の感覚を培っています。

★保育者の関わり
「1つの活動でも、子どもによってさまざまな関わり方がある」と認識しておくことが大切です。

e 自立心
「絵本を読み聞かせる」という目的に向かって、自分の担当部分の責任を果たそうという自覚をもって取り組んでいます。

❺ それぞれが個性を生かした表現が認められることで、表現する楽しさや喜びにつながっていきます。

f 健康な心と体
聞き手も含めて、みんなで充実した楽しい雰囲気を味わっています。この経験が、「〜したい」という意欲につながります。

保育者がすぐに取り組める
豊かな感性と表現を育む
環境構成＆援助

子どもは、さまざまな事象に触れ、五感で受けた刺激を通して、感性を育てていきます。子どもが表現したいときに、豊富な素材を用意する、道具の使い方を伝えるなども、子どもが自分のイメージを形にするための支援になります。

キーワード①
心を動かす出来事に触れ、表現したくなる気持ちになる

音楽会

環境構成
ピアノやバイオリンなど、本物の楽器の音色を聞く機会を設ける。

遠足の後に

（なにがおもしろかった？／お弁当おいしかった／ヤギがいたね）

保育者の援助
遠足で見たことや楽しかったことなどを話し合い、次の活動につながるようイメージを広げる。

運動会の後に

環境構成＆援助
運動会で見たダンスに憧れて、年上の子のまねをする子には、再現できるように音楽をかけるなどする。

キーワード❷
感じたことや考えたことを表現する

散歩

保育者の援助
散歩をしながら、風や自然物について感じたり、イメージを広げたりできる言葉をかける。

パン屋さんごっこ

環境構成
自由に好きなパンが作れるように、素材や道具をたくさん準備して選べるようにする。

身体表現

保育者の援助
風になったり、動物になったりと、表現が広がるような音やリズムを、ピアノなどで奏でる。

キーワード❸
友達同士で表現を楽しむ

なりきり遊び

環境構成&援助
友達同士で楽しく遊びが広がるように、場の設定や道具の準備、声かけなどをする。

楽器作り

環境構成
材料を集め、いろいろな音に気づけるような楽器を作り、友達と演奏する機会をもつ。

監修

- 關 章信（公益財団法人 幼少年教育研究所 名誉理事長、福島・福島めばえ幼稚園 理事長・園長）
- 兵頭惠子（公益財団法人 幼少年教育研究所 監事、元 神奈川・冨士見幼稚園 主任教諭）
- 髙橋かほる（公益財団法人 幼少年教育研究所 理事、帝京短期大学 特任教授、元 聖徳大学 教授、学校心理士）

第1章 執筆

- 關 章信
- 髙橋かほる
- 桐川敦子（日本女子体育大学 幼児発達学専攻 准教授 元 日本女子体育大学附属みどり幼稚園 園長）
- 佐藤有香（和洋女子大学 家政学部 家政福祉学科 准教授）
- 室井眞紀子（東京都市大学 人間科学部 児童学科 准教授）

第2章・第3章 執筆

- 兵頭惠子
- 長瀬恭子（神奈川・認定こども園 中野幼稚園中野どんぐり保育園 教諭）
- 伊藤ちはる（福島・福島めばえ幼稚園 副園長）
- 岩﨑麻里子（東京・月かげ幼稚園 園長）
- 菊地君江（元 神奈川・川崎ふたば保育園 園長）
- 櫛渕洋介（群馬・ちぐさこども園 園長）
- 木暮真紀（神奈川・冨士見幼稚園 主任教諭）
- 小林愛子（東京・戸山幼稚園 顧問、東京教育専門学校 非常勤講師）
- 長瀬 薫（神奈川・認定こども園 中野幼稚園中野どんぐり保育園 園長、関東学院大学 教育学部 こども発達学科 非常勤講師）
- 水越美果（神奈川・横浜隼人幼稚園、大谷学園幼稚園 園長）
- 甥杉真由美（埼玉・認定こども園しらゆり 副園長）

遊びや生活のなかで
"10の姿"を育む保育
事例で見る「幼児期の終わりまでに育ってほしい姿」

2019年3月　初版第1刷発行
2023年1月　　　第6刷発行

監修者	關 章信　兵頭惠子　髙橋かほる
編著者	公益財団法人 幼少年教育研究所
発行人	大橋 潤
編集人	竹久美紀
発行所	株式会社チャイルド本社 〒112-8512　東京都文京区小石川5-24-21
電　話	03-3813-2141（営業） 03-3813-9445（編集）
振　替	00100-4-38410
印刷・製本	図書印刷株式会社

©Yosyoken 2019　Printed in Japan.
ISBN　978-4-8054-0280-1
NDC376　26×21cm　144P

■乱丁・落丁本はお取り替えいたします。
■本書の無断転載、複写複製（コピー）は、著作権法上での例外を除き禁じられています。
■本書を代行業者等の第三者に依頼してスキャンやデジタル化することは、たとえ個人や家庭内の利用であっても、著作権法上、認められておりません。

チャイルド本社ホームページ
https://www.childbook.co.jp/
チャイルドブックや保育図書の情報が盛りだくさん。どうぞご利用ください。

カバー・本文デザイン
mogmog Inc.

カバーイラスト
オフィスシバチャン

イラスト
青山京子、有栖サチコ、石崎伸子、いとうみき、坂本直子、ささきともえ、中小路ムツヨ、野田節美、みさきゆい

本文DTP
有限会社 ゼスト

本文校正
有限会社 くすのき舎

編集協力
小林洋子（有限会社 遊文社）
株式会社 スリーシーズン

編集
井上淳子